Karlsruher Boulevard

Ausgewählte badische keine Gute-Nacht-Geschichten

Röser PRESSE

Liebe Leserinnen und Leser,

Sie halten den fünften Sammelband aus unserer „Boulevard"-Reihe in Händen: „Schwarzer Boulevard", „Rabenschwarzer Boulevard", „Boulevard 2713", „Konstantins Boulevard" und nun, im Jahr 2011, den „Karlsruher Boulevard" – mit „keine Gute-Nacht-Geschichten".

Bereits ein halbes Jahrzehnt fördern wir nun die Nachwuchs- und Freizeitschriftsteller aus unserer badischen Heimat. Und es hat sich einiges getan in den vergangenen fünf Jahren: Aus Geschichtenerzählern, die bei uns ihre erste Kurzgeschichte veröffentlichten, wurden gestandene Autoren, deren Bücher Sie in Buchhandlungen und Büchereien finden. Auch durfte ich persönlich immer wieder „mitfiebern", wenn ein neues Werk entstand, und beispielsweise auch die Laudatio zum ersten Buch von Claudia Mummert („Der Blutfänger") vor Hunderten von Menschen halten. Es haben sich Bindungen ergeben, Autoren, die uns, obwohl längst mit eigenen Büchern vertreten, jedes Jahr wieder ihre Geschichte schicken. Die hinter unserer Idee stehen, Nachwuchsschriftstellern eine Plattform für Ihre Geschichten zu bieten, dafür herzlichen Dank.

Aber was wäre dies alles ohne Sie, liebe Leserinnen und Leser, denn für Sie verlegen wir diese Buchreihe, für Sie schreiben unsere Autorinnen und Autoren ihre Geschichten, denn ein Buch beginnt erst zu leben, die Geschichten werden erst dann lebendig, wenn Sie es in die Hand nehmen, wenn Geschichten in Ihrem Kopf zu Bildern werden.

Sollte dies Ihr erstes Buch aus unserer Reihe sein, keine Angst, unter www.boulevard-baden.de finden Sie die vorhergehenden Titel als erweiterte Online-Ausgabe, jeweils mit allen Geschichten, die zum betreffenden Thema des Jahres eingereicht wurden.

Auf die nächsten fünf Jahre, bleiben Sie uns als Leser treu, blättern Sie um und erleben Sie, garantiert, „keine Gute-Nacht-Geschichten".

Ihr Steffen Lüderwald & das Team der Röser Presse

■ Impressum

Herausgeber:

Fritz-Erler-Straße 23
76133 Karlsruhe

ISBN 978-3-9813336-2-6

1. Auflage November 2011

Copyright © 2010, Röser Presse GmbH
Fritz-Erler-Straße 23, 76133 Karlsruhe
Telefon: (07 21) 93 38 02-11
Telefax: (07 21) 93 38 02-20
E-Mail: info@roeser-presse.de
Internet: www.roeser-presse.de

Redaktion: Röser Presse GmbH
Titelgestaltung, Layout und Satz: Nadja Bronzel
(Rudolf Röser Verlag und Informationsdienste AG)
Druck: Beate Haist
Digitaldruck, Offsetdruck, DTP, Weiterverarbeitung
Karlsruher Straße 62, 76461 Muggensturm

Inhalt ■

„Ein plötzlicher Tod im Speisesaal des sündhaft teuren Seniorenstifts für die besseren Kreise. Galt er der standesbewussten pommerschen Adligen oder war sie nur ein Zufallsopfer? Schnell führen die Ermittlungen in diesem flott geschriebenen Kurzkrimi von Andrea Baron die taffe Kriminalhauptkommissarin Gluns über die kleine Welt der Seniorenresidenz ‚Bellavista' hinaus in ein Geflecht aus menschlicher Eitelkeit und Verletztheit. Und eine ganz spezielle Art der ‚haute cuisine' trägt auch zum spannenden ‚Seniorenteller' bei…"

Seniorenteller ◼

von Andrea Baron

Im Speisesaal der Seniorenresidenz „Bellavista" herrschte rege Geschäftigkeit. Es war Mittagszeit und fast alle Tische besetzt. Verschwitzt und mit roten Köpfen reichten die drei Pflegekräfte dampfende Teller in zittrige Hände und füllten leere Gläser mit Alwa-Mineralwasser nach.

Es saßen mehr Gäste als sonst in dem mit tannengrünem Samt ausgeschlagenen Rundzimmer. Für Hirschragout, Serviettenknödel und Apfel-Zimtrotkraut scheute selbst Ilselore Gräfin von Gutstetten und zu Roit nicht den Gang von ihrem Zweiraum-Appartement hinunter zu „denen da unten", wie sie sich auszudrücken pflegte. Die hochbetagte Offizierswitwe wählte einen Fenstertisch, an dem sie allein sitzen konnte. Nur leises Gemurmel und das Klappern von Besteck unterbrach ab und zu die noble Stille. „Plitsch!" Zu sehr damit beschäftigt, die nächste Ladung Serviettenknödel aufzuschneiden, bemerkte die stellvertretende Pflegedienstleiterin Olga Soltenischenko das Geräusch hinter ihr zunächst nicht. Erst der durchdringende Schrei von Frau Generaldirektor Henriette Kaufinger ließ sie zur Seite blicken. Ihr bot sich ein grotesker Anblick: Der Kopf der Gräfin lag halb eingetaucht in Soße und Knödeln seitlich auf ihrem Teller. Leicht vorwurfsvoll waren die Augen auf die verdutzte Pflegerin gerichtet. „Frrau Guttstätten!! Hären Sie? Gett innen nicht gutt?" Statt einer Antwort fiel der linke Arm der Adligen schlaff zur Seite und baumelte noch kurz nach. Die Hand gab dabei eine zerknüllte Serviette frei, die zu Boden fiel. Die Weißrussin aus Minsk rüttelte noch ein wenig an der Schulter der leblosen Frau. Dann gab sie auf.

Olga hatte in ihrem Leben schon Schlimmeres gesehen. Daher war ihr Gang von wenig Eile geprägt, als sie sich auf die Suche nach Heimleiter Schabner machte. „Exitus doch norrmal in Altenchaim", pflegte die Ex-Kaderschwimmerin zu sagen. Ihre zwei verstörten Kolleginnen hatten sich bereits in den Personal-Pausenraum geflüchtet. Die Küchenhilfen Svetlana und Fatka waren noch keine Routiniers im Umgang mit der Sterblichkeit.

Im Saal hatte sich unterdessen gepflegte Panik ausgebreitet. An Essen war nicht mehr zu denken! Nur Dr. Bruno Güldner, ehemaliger Allgemeinmediziner aus Neureut, säbelte weiter genussvoll seine Fleischstücke klein. „Die isch hi, jawool!", rief der Alzheimer-Patient als Schnell-Diagnose in den sich leerenden Saal. Dabei umspielte ein wissendes Lächeln seine Lippen. Das aber hatte nichts zu sagen, denn der immerfrohe Gesichtsausdruck war gewissermaßen sein Markenzeichen.

Mit leichtem Bedauern über das nicht vollendete Mahl entschwanden die Bewohner in ihre oben liegenden Wohnräume. Der letzte Todesfall lag viele Monate zurück. Den Ex-Pharma-Vorstandschef Dr. Dr. Fritz Möhnle hatte der Schnitter im Schlaf überrascht. Am nächsten Morgen waren seine sterblichen Überreste diskret von einem Beerdigungsinstitut über den Hinterausgang abtransportiert worden. Ein stiller Abgang. Die tote Gräfin gemahnte jetzt alle Bewohner wieder schmerzhaft daran, dass auch auf sie in nicht allzu weiter Ferne das Unvermeidliche wartete.

„Härr Schappner, kommen bitte glaich! Ist sich tote Frau von der Kuttstätten in Sosse. Weiß nicht, was ist passiert. Vielleicht Härz!": Unsanft riss Olgas dröhnender Bariton Rüdiger Schabner aus seinen Träumen. Jeden Mittag zwischen eins und zwei gönnte er sich in seinem Büro eine kleine Auszeit auf einem Feldbett aus seiner Bundeswehrzeit in Gießen. „Tot? Wie tot?", fragte er noch leicht verschlafen, während er auf einem Bein in seine Designer-Hose aus der neuen

„Black"-Collection von Ugnato Bossi sprang. „Fürchte ich, sär tot": Kaum hatte er seine Tür geöffnet, machte sich Olga schon wieder auf den Weg ins Speisezimmer am Ende des weitläufigen Erdgeschoss-Flurs. Schabner hastete hinterher. Der Anblick der reglosen Blaublüterin im Soßenbad trieb ihm schlagartig die Mittagsmüdigkeit aus den Knochen. Der Residenz-Leiter konnte sich ein bitteres Lachen nicht verkneifen: Niemand hatte mehr auf Etikette und standesgemäße Behandlung gepocht als dieses schmallippige Relikt aus Pommern. Weil Schabner es einmal versäumt hatte, Ilselore von Gutstetten mit ihrem vollen Titel anzusprechen, war von der schwerreichen Witwe umgehend ein bitterböser Brief an den Stiftungsrat geschickt worden. Obwohl die Beschwerde für ihn folgenlos geblieben war, hatte ihn die Angelegenheit ein paar schlaflose Nächte gekostet. Seine Bestürzung über von Gutstettens Ende hielt sich entsprechend in Grenzen. Nervös drehte er sich zu seiner besten Arbeitskraft um. „Vermutlich Herzinfarkt. Oder was glauben sie, Olga?" „Bin ich Doktorrr? Aber finde ich, dass riecht sie komisch. So nach Kuchen." „Nach Kuchen?" Zögernd beugte er sich zu der Toten herunter. Und tatsächlich! Schabner hatte genug Krimis gelesen, um zu wissen, dass der Bittermandelgeruch, der die Verstorbene umgab, nichts Gutes verhieß. „Mist, das gibt Ärger. Verdammter Mist ...!" Schabner sah in seinem teuren Designer-Anzug plötzlich ziemlich verloren aus.

„Numma dreieverzisch, Numma viereverzisch!": Kaum war die wenig melodiöse Stimme der Küchenchefin durch die Lautsprecher ertönt, erhoben sich auch schon zwei Männer mit Bons in der Hand, um am Tresen brav ihr Essen in Empfang zu nehmen. „Waaas?? Ihr wollt de Salat ohne Petersiel? Des däd ich mir awwer überlege. Soll ja potent mache, hahaha." Betreten lächelnd schlichen die männlichen Gäste mit den vollbeladenen Tabletts zu ihren Frauen zurück. Wirtin Erika hatte mal wieder einen kleinen Witz gemacht! In „Gustls Schnitzelbude" neben dem Strandbad war noch mächtig was los. Viele Karlsruher genossen die letzten warmen Spätsommertage am liebsten in Rappenwörts weitläufigen Wäldern oder auf dem Rheindamm. „Gustls Schnitzelbude" gehörte zu einem Ausflug dazu wie die Gitarre zu

Gunther Gabriel. Auch Kriminalhauptkommissarin Frauke Gluns konnte seit nunmehr fast drei Jahrzehnten nicht genug von Fleischteller Hawaii und Steak á la Gustl bekommen. Denn bei dem wortkargen Wirt hatten die Schnitzel die Ausmaße von Tischläufern. Gluns' Bon hatte die Nummer 45. Gleich würde sie sich über ein Monsterschnitzel mit karamellisierten Zwiebeln hermachen! Das Vibrieren in ihrer Handtasche ließ ihre gelöste Stimmung sofort in den Keller sacken. Sie drückte auf das grüne Hörersymbol des Handys, als wolle sie es erwürgen. „Lörtz, sagen sie mir nicht, dass ausgerechnet heute jemand dran glauben musste. Ich habe endlich mal wieder einen freien Tag!" „Sorry Chefin. Eine Leiche im Bellavista in der Kriegsstraße. Wir sollen gleich hin. Die anderen sind auch schon auf dem Weg. Wann können sie bei uns sein?" „Sie wissen, ich kann fliegen." „Alles klar, Chefin." Kaum hatte Gluns aufgelegt, ertönte Erikas Stimme scheppernd durch den Lautsprecher: „Fünfeverzisch!" Jetzt war der Tag so richtig im Eimer!

Am Tatort bot sich Ermittlerin Gluns die übliche Szenerie: Tageslichtstrahler und Ermittler in Ganzkörper-Schutzanzügen und Schuhhüllen. Wie ein eingeschlafener letzter Gast saß die tote Gräfin immer noch vornüber gekippt am Tisch. „Hat wohl nicht geschmeckt", dachte Gluns gallig bei sich. 26 Jahre bei der Mordkommission hatten sie zu einer untherapierbaren Zynikerin gemacht. Auf dem vom Erkennungsdienst gelegten, sogenannten Trampelpfad stolperte sie über ein Kabel und brachte eine Kamera auf einem dreibeinigen Plastiksockel bedenklich ins Schwanken. „Mensch, sind sie wahnsinnig! Das ist unsere Spheron! Die kostet 200 000 Euro!", schrie Franz Bürkel von der Spurensicherung. Gluns hatte erst kürzlich auf einem Fortbildungs-Seminar über Kriminaltechnik gelernt, dass man mit dem Ding ein 360-Grad-Rundumbild des Tatorts in einer Auflösung von 50 Millionen Pixel machen konnte. Nur der saftige Preis war ihr neu. Da hatte das Land ja richtig tief in den Säckel gegriffen. „Schon gut, Bürkel. Ich hab eine Haftpflicht. Da sind sie ja, Lörtz. Erzählen sie mal." Kevin Lörtz leierte monoton runter, was er Residenzleiter Schabner, die stellvertretende Pflegedienstleiterin Olga und den zwei anderen Mitarbeiterinnen in 30 Minuten hatte entlocken können: „Ilselore Gräfin von Gutstetten und zu Roit, 87 Jahre, geboren auf dem Pommerschen Schlossgut Rexin, heute Rzechcino, Flucht 1943, bis 1992 verheiratet mit Enno Graf von Gutstetten und zu Roit, Offizier bei der Luftwaffe, 2000 verstorben. Sie ist seit 2003 hier im Bellavista wohnhaft. Vermögend, keine Kinder, keine nähere Verwandtschaft. Lebte hier sehr zurückgezogen und nahm nur selten an den Mahlzeiten teil. Etwas heikel im gesellschaftlichen Umgang, man könnte wohl auch sagen, ziemlich elitär." „Todesursache?" „Vermutlich Blausäure. Ihre Haut ist hellrot und sie riecht nach Mandeln. Knobel weiß mehr", sagte Lörtz und verwies lässig mit dem Daumen auf den baumlangen, hageren Pathologen hinter sich. „Knobel! Sag an!" Gluns war für eine Frau ausgesprochen einsilbig veranlagt. „Stimmt vermutlich, was der Kollege sagt. Blausäure. Mehr später." Auch Dr. Utz Knobel fasste sich gerne kurz. Der verblichenen Adligen hatte man inzwischen aus sicherungstechnischen Gründen braune Papiertüten über die Hände gezogen, was ihr das Aussehen eines vergreisten Eishockey-Torhüters verlieh. Gluns schritt über den Trampelpfad an den nicht abgedeckten Tischen vorbei auf Schabner und sein Personal zu. „Wo können wir reden, nur wir beide?" „In meinem Büro. Kommen Sie": Schabner zeigte nach links. „Lörtz! Sie machen mit den Pflegekräften weiter. Um die Bewohner soll sich dann später Holgi kümmern!" Die Anweisung ließ den Assistenten strahlen: Küchenhilfe Fatka sah aus wie die junge Cher!

„Machen wir es kurz. Hatte die gute Dame Feinde? Streit mit den Mitbewohnern? Oder vielleicht mit dem Personal? In diesen Kreisen fühlt man sich ja gerne bestohlen." Gluns sah sich neugierig in Schabners durchgestyltem Büro um, während sie ihre Fragen abschoss. „Äh, ich kann alle ihre Fragen mit Nein beantworten. Frau von Gutstetten war zwar ein schwieriger Charakter, aber als Bewohnerin pflegeleicht. Sie empfing niemanden und sie verließ nur selten ihr Appartement. Sie beschäftigte auch eine eigene Raumpflegerin. Zu unseren Mitarbeitern hatte sie ein distanziertes, aber nicht unfreundliches Verhältnis. Nur wenn man ihren Namen nicht richtig aussprach, gab's Ärger." Schabner zupfte nervös an seiner metallisch schimmernden Koss-Krawatte. „Nicht billig", dachte Gluns bei sich. Überhaupt trug der Mann recht exklusive Herrenmode. Und er sah mit diesem graumelierten Kurzhaarschnitt nicht gerade schlecht aus. Gedankenverloren drehte Gluns ihren keltischen Silberring am Daumen hin und her, während sie Schabners Optik weiter abscannte: Kein Ehering. Wieviel verdient man eigentlich als Heimleiter eines so noblen Schuppens? Bei dem Angeber stand bestimmt die Golfausrüstung gleich gut sichtbar für alle im Flur. Gluns' geschultem Blick entging wenig. Sie hatte die Mentalität einer Bulldogge: Schwerfällig, aber wachsam und im Bedarfsfall äußerst reaktionsschnell. „Wie sieht's denn mit dem Essen aus? Wird hier selbst gekocht?" Der Residenz-Leiter räusperte sich. „Selbstverständlich! Dafür bezahlen unsere Bewohner schließlich. Dieser Service zeichnet uns auch gegenüber den anderen Häusern aus!" „Wer wird die Tote beerben?" Schabner schüttelte den Kopf. „Keine Ahnung. So gut kenne ich mich mit den persönlichen Verwandtschaftsverhältnissen unserer Gäste nicht aus." „Ist ihr Haus schon mal in einem Testament bedacht worden? Und was darf man als Stift-Bewohner hier eigentlich so monatlich überweisen?", fragte Gluns betont freundlich. „Je nachdem, welche Leistungs-Module sie buchen, so zwischen 5000 und 6500 Euro. Und ja, man hat uns schon bedacht." Gluns Miene blieb reglos. „Verstehe. Jetzt will ich mit ihrem Koch reden, bitte."

Enzo Scapattone hatte sein Leben lang davon geträumt, eine Pizzeria in Ligurien zu eröffnen. Am liebsten in seiner Heimatstadt Alassio. Vorerst aber musste sich der 37-Jährige damit zufrieden geben, für einen Hungerlohn Diät- und Schonkost für genau die Art vergreister Idioten zuzubereiten, vor denen ihn sein Vater immer gewarnt hatte. „Traue nie Leuten mit Geld", hatte Giuseppe Scapattone bei jeder sich bietenden Gelegenheit lamentiert. „Erst quetschen sie dich aus wie eine Zitrone, dann geben sie dir einen Tritt in den Hintern und denken auch noch, sie hätten ein gutes Werk getan!" Sein Sohn wusste allerdings nie genau, woher der Alte sein Wissen bezog. Als Beamter in der Stadtverwaltung von Alassio war Giuseppe nur selten den Launen reicher Menschen ausgesetzt gewesen. Recht hatte der Herr Papa aber natürlich trotzdem! „Herr Sabattone, kann ich ihnen ein paar Fragen stellen?"Gluns hatte sich den Koch in Schabners Büro kommen lassen und den Heimleiter vor die Tür geschickt.

„Ja, wenn du unbedingt musst. Aber ich heiße Scapattone, capisce?"

Mit der bockigen Nummer war Enzo bei Frauke Gluns genau richtig. „Ich duze nicht mal meine Ex-Schwiegermutter. Wir zwei duzen uns also schon dreimal nicht, verstanden? Tut mir leid wegen des Namens, okay?" Der Italiener gab sich unbeeindruckt.

„Sie arbeiten hier seit drei Jahren. Stimmt das?"

„Stimmt."

„Vollzeit oder nur ab und zu?"

„Volle Zeit, Mann." Scapattone verdrehte die Augen und rieb seine Hände hektisch an den Oberschenkeln. Gluns spürte, dass dieser Typ nur eines wollte: raus aus diesem Zimmer! Die Bulldogge hatte Witterung aufgenommen. Mit dem Ragazzo hier stimmte was nicht.

„Heute gab es Gulasch, Rotkraut und Knödel. Das haben sie alles allein zubereitet? Es waren schließlich über 30 Essen bestellt."

„Na und? Das lernt man als Koch, ich kann das auch für 100 oder 200. Kein Problem. Außerdem hilft mir normalerweise der Berkel."

„Wie heißt der Mann mit Vornamen?"

„Sagte ich doch: Berkel! Das ist ein türkischer Vorname. Er ist aber schon weg. Sein Cousin heiratet heute."

„Dann eben der Nachname, wenn's recht ist."

„Üzgen. Berkel Üzgen."

„Wo kaufen Sie die Waren ein?"

„Die kaufe ich nicht, die werden geliefert. Ich bin ja kein Gemüsehändler. Die Bestellungen macht aber die Heimleitung. Wir sprechen uns jede Woche nach dem Erstellen des Speiseplans ab." Scapattone hatte plötzlich Plauderwasser getrunken. Er dachte wohl, die Sache damit schneller zu Ende bringen zu können.

In der Tat begann sich Gluns bereits behäbig aus Schabners schwarzen Büro-Ledersessel zu schälen. Dessen ergonomisches Design hätte jedem Orthopäden Freudentränen in die Augen getrieben. Scapattone stand ebenfalls auf. „Fast hätte ich's vergessen: Wie ist es denn um ihre Finanzen bestellt? Ich frage Sie lieber direkt. Wir prüfen das sowieso bei allen nach." Der Italiener zuckte zusammen. Vaffanculo! Wusste diese dicke Vacca etwa mehr über seine kleine Schwäche für heikle Kartenspiele? Oder war das nur ein mieser Trick? „Sie sind ganz schön unverschämt! Das muss ich mir nicht… Was hat das mit der Sache hier zu tun, hä?" Scapattone blickte sehnsüchtig zur Tür. Touché! Gluns hatte mangels anderer Ideen einfach ins Blaue hinein gefragt. Nach ihrer Erfahrung hatten fast alle Menschen etwas zu verbergen. Selbst wenn sie eigentlich unschuldig waren…

Lörtz hatte in der Zwischenzeit seine Befragung beendet. Bei Fatka Pordoviç war der Mühlburger besonders gründlich und gewissenhaft vorgegangen: Die rassige Schönheit stammte aus Preboj in Bosnien, war nach eigenen Angaben 23 Jahre alt, ledig, kinderlos und wohnte mit ihrer Schwester in der Karlstraße über einem afrikanischen Restaurant. Die Eckdaten machten Hoffnung. Lörtz, dem in Liebesdingen eine gewisse Naivität zu eigen war, sah sich schon mit seiner jungen Braut den Balkan bereisen! Bevor er sich jedoch in allzu gewagten Fantasien verstieg, besann er sich zum Glück wieder auf den Fall. Die Chefin hatte ja noch diesen Koch Zabaione in der Mangel. Also sprach nichts dagegen, sich in der Zwischenzeit mal bei den Mülltonnen genauer umzusehen. Die Spusi hinkte im Zeitplan hinterher, wühlte sich immer noch durch die seltsam unbeleckte Großküche. Im Hinterhof der Seniorenresidenz erwartete Lörtz die übliche Farborgel an Mülltonnendeckeln: blau für Papier, Grün für Bio, Rot für Wertstoff und schließlich Schwarz für Restmüll. Dort lauerten zumeist die unappetitlichsten, aber auch die interessantesten Funde. Einmal sogar die linke Hand eines säuberlich zerstückelten Ehemannes, der die Morddrohungen seiner Frau dummerweise auf die leichte Schulter genommen hatte. Merkwürdig: Heute war doch sicher besonders viel in der Küche losgewesen. In den Restmülltonnen aber herrschte gähnende Leere. Wo war der ganze Abfall hingekommen? Oder hatten die heute etwa gerade Leerung? Das wäre ja fatal! Lörtz wollte schon gefrustet die letzte der acht Restmülltonnen schließen, als ihm ein großer Zettel auffiel, der am linken Tonnenrand anklebte. „Food Solutions Inc. Rheinhafen" stand in fetten blauen Buchstaben auf dem gelben Papier. Von weitem hätte man das Blatt durchaus für einen FDP-Werbeflyer halten können. „Schnell, gut, günstig – profitieren auch Sie von den Produkten unseres Convenience-Food-Portfolio", war weiter zu lesen. Interessant! Wurde im ‚Bellavista' etwa nicht alles von liebevoller Hand selbst gekocht? Lörtz wählte Gluns' Handynummer. „Chefin, bin hier im Hinterhof. Das sollten sie sich hier mal ansehen."

„Food Solutions. Aha." Gluns rieb sich nachdenklich ihr ungeliebtes Doppelkinn „Möglicherweise stopfen die die Alten mit Industrie-Futter voll und kassieren für den ganz besonderen Küchenservice auch noch ab. Dem Schabner steige ich jetzt noch mal so was von auf die Füße! Wenn das stimmt, mach ich aus dem einen Senioren-Burger. Und sie überprüfen schon mal diese Kunstfraß-Produzenten." Gluns war schon immer eine leidenschaftliche Verfechterin der frischen Regionalküche gewesen. Lörtz, Sohn eines namhaften Restaurant-Besitzers in Ettlingen, warf ein: „Sie werden es vielleicht nicht glauben, aber Läden wie Food-Solutions beliefern sogar Edel-Restaurants. Bei den Spitzenlokalen kommt so manches aus dem Plastikbeutel. Ich verstehe deshalb auch nicht so ganz, wo da der Gewinn für Schabner und mögliche Kompagnons abfallen soll. Convenience-Food ist nämlich ziemlich teuer. Da wäre es doch günstiger, diesen Enrico die Kartoffeln selber schälen zu lassen, oder?" Die Kommissarin tippte Lörtz zustimmend auf die Brust. Der Mann hatte recht. „Wir überprüfen jetzt, ob diese Mogel-Heinis überhaupt an Schabner geliefert haben. Und falls dem so ist, muss es einen Grund geben, warum er diesen Handel eingegangen ist. Vielleicht wird er ja erpresst. Es ist so oder so doch nicht schlecht, wenn wir uns bei diesen Plastikköchen mal ein bisschen umschauen." Gluns hatte sich bereits wieder Richtung Heimleitungs-Büro aufgemacht. Sie war geladen. Schabner tat Lörtz fast ein bisschen leid.

„Wenn Sie mit unserem CEO sprechen wollen, muss ich sie leider auf nächste Woche vertrösten. Herr Klinger ist auf Geschäftsreise in der Schweiz." Die Empfangsdame zog reflexartig die Mundwinkel nach oben und klimperte etwas mit den Augen. Lörtz, der Blondinen nach einer peinlichen Kurzbeziehung in der Oberstufe verachtete, blieb ungerührt. Seine Fahrt in die Rheinhafenstraße würde auf keinen Fall ergebnislos verlaufen, das war klar. „Es wird doch auch eine Art Ersatz-ZE EE O geben?" Er hasste dieses Business-Deutsch und machte sich gerne darüber lustig. „Ja, aber Dr. Bertele ist in einem Meeting."

Ah! Genau der richtige Moment, um seinen grünen Ausweis zu zücken. „Ich fürchte, das muss er kurz unterbrechen. Lörtz, Mordkommission."

Keine halbe Stunde später saß Gluns' Assistent in einem rundum verglasten Konferenzraum, der aussah wie von Star-Designer Ralf Bonz höchstpersönlich eingerichtet. Vor sich eine Tasse Kaffee und eine Flasche stilles Mineralwasser aus der Auvergne. Er genoss den Ausblick auf den Rheinhafen. Die Tür ging auf und Dr. Lars Bertele trat ein. Lörtz überfiel reflexartig ein Unbehagen. Dieser dynamische Bursche sah aus wie einem „Peek und Cloppenburg"-Prospekt für Herrenoberhemden entsprungen. Ein Typ von der Sorte „Ich habe ein Segelboot in der Kieler Förde liegen". Ein bisschen erinnerte er ihn an Schabner. Waren solche Fuzzis erfolgreich, weil sie gut aussahen oder umgekehrt? Lörtz, ein hagerer Zwei-Meter-Mann mit Cäsarennase und sich ausweitender Halbglatze würde es nie begreifen. Bertele fungierte als „Head of advice and consulting" bei „Food Solutions", das konnte Lörtz dem Hochglanz-Firmenprospekt entnehmen, der am Empfang auslag. Mit seinem gewinnenden Lächeln hatte der smarte Enddreißiger sicher so manchen profitablen Geschäftsabschluss für seine Firma an Land gezogen. Schwungvoll warf Bertele sich in einen der Designer-Sessel. „Herr Lörtz, was kann ich für Sie tun?" „Ich komme am besten gleich zur Sache. Sie beliefern mit ihrer Firma auch Altenheime?" Der promovierte Betriebswirtschaftler zuckte zusammen. „Wie unschön das klingt! Sagen wir lieber, wir unterstützen das Menü-Portfolio von Senioren-Einrichtungen des hochpreisigen Segments." Wie Lörtz dieses Manager-Geschwafel hasste. „Ja ja, schon gut. Die Residenz ‚Bellavista' kam auch in diesen Genuss?" Wenn er bestürzt war, so wusste der „Head of advice and consulting" das sehr gut zu verbergen. „Sie werden verstehen, dass wir unsere

Kundenlisten nicht unbedingt auf Facebook veröffentlichen. Das sind wirklich delikate Informationen. Leider möchte ja nicht jeder seine Kontakte zu uns offengelegt wissen." Bertele lächelte säuerlich. „Hören sie. Eine alte Dame ist tot. Vergiftet. Wir kriegen es sowieso raus, wenn sie dorthin liefern. Entweder leise und unauffällig oder richtig schön laut mit dem ganzen Programm. Offen gelegt wird es dann von den Medien. It's your choice." Lörtz frohlockte: Berteles aalglatte Fassade bekam bereits erste Risse. „Diese Head-of-Irgendwas-Typen sind doch alle Weicheier", dachte er bei sich. „Wie meinen Sie das: ‚Eine Frau wurde vergiftet?' Was hat das denn mit unseren Produkten zu tun?" „Ganz einfach: In der Küche der Residenz wurde heute nicht gekocht. Es gingen aber etwa 30 Essen raus. Und wir fanden im Müll einen Hinweis auf ihr Unternehmen. Ihnen ist doch klar, dass wir da alle Möglichkeiten ausschließen müssen?" Bertele schluckte. Eine ungesunde Bleiche verwandelte seine dezente Karibik-Bäune in ein schmutziges Grau. „Das ist ja ... Oh mein Gott. Äh, ja, das ‚Bellavista' gehört auch dazu. Wir pflegen seit drei Jahren gelegentlich Geschäftsbeziehungen dorthin." Bertele war nur noch zu einem unmännlichen Hauchen fähig. Der Ermittler merkte auf. Drei Jahre! Solange war seines Wissens Schabner dort als Leiter in Amt und Würden. „Wie oft liefern Sie, wieviel, was berechnen Sie und so weiter – da hätte ich gerne die Listen ausgedruckt. Ach ja, noch eine Frage zum Schluss: Wo lassen Sie die Fertig-Menüs herstellen?" „In unserer Produktionsabteilung im Industriegebiet Eggenstein." „War das Gulasch heute auch von euch?" „Gulasch? Sie meinen das Hirschragout? Ich weiß es nicht. Kann sein. Das müsste ich nochmal nachprüfen." Die Nervosität des stellvertretenden Geschäftsführers war jetzt nicht mehr zu übersehen. „Gab es in letzter Zeit irgendwelche Reklamationen?" Bertele wurde noch bleicher. „N... nein. Eigentlich nicht. Äh, wieso fragen Sie?" „Mensch, machen Sie es mir doch nicht so schwer!" „Ich möchte mich erst mit unserem CEO und unserem Anwalt besprechen. Sie müssen verstehen, ich bin ja nicht als Geschäftsführer in Charge, ich habe schließlich keine Befugnis ..." „Bertele, irgendjemand versetzt möglicherweise euer Essen mit Blausäure. Verstehen Sie das? Wer weiß, wer da noch alles dran glauben muss!" „Das ist alles so schrecklich. Das habe ich nicht... Das konnte doch niemand ahnen!" Das professionelle Gehabe des Ersatz-CEO fiel endgültig in sich zusammen wie ein Soufflé. Er legte sein Gesicht in seine Hände und murmelte schluchzend etwas Unverständliches. „Und jetzt brauche ich die Liste mit den Mitarbeiten, vor allem die in ihrer Produktion. Aber bitte pronto!" Lörtz war bester Dinge: Dr. Lars Bertele war ein Volltreffer! Noch eine halbe Stunde bei Gluns und von dem Schönling wäre nur noch ein Häufchen Asche übrig.

Auch Rüdiger Schabner hatte schon schönere Tage erlebt. Nachdem er von Frauke Gluns in die Mangel genommen worden war, fühlte er sich wie nach einem Schleudergang in einer Wäschereimaschine. Es war vorbei und er wusste es. Sein schönes Nebeneinkommen – aufgeflogen! Die Finanzierung seiner Kredite für den Karibikurlaub und die Golfausrüstung (Blackbird V-950 Komplettset mit Trolley!) war damit geplatzt. Keine Golfturniere mehr mit Lars im Lindner-Hotel Westerwald (mit anschließender charmanter Abend- und Nachtbegleitung). Er rechnete zudem jeden Moment mit einem Anruf von Stiftungsrat Munzinger. Der Rauswurf war nur noch reine Formsache. Ebenso wie die Anzeige wegen Betrugs. Er hatte alles vermasselt! Auch Enzo war jetzt in Schwierigkeiten. „Ich sehe das so: Den Gewinn haben sie sich mit Herrn Sabattone geteilt, damit der die Klappe hielt. Geld konnte der ja auch gut gebrauchen, nicht wahr?" Auch wenn sie nicht so aussah, diese Gluns war gar nicht auf den Kopf gefallen. Fast hätte Schabner der korpulenten Ermittlerin mit dem GI-Haarschnitt so etwas wie Respekt gezollt. Doch er beließ es lieber bei seiner Verachtung: Diese Trampelkuh hatte schließlich sein Leben ruiniert! Wie schade, alles war so perfekt geplant gewesen. Dank eines mehr als komplizierten Verbuchungs-Systems konnte sich Schabner immer wieder stolze Beträge von den Stiftungskonten für eigene Zwecke abzwacken. Er hatte schließlich Prokura. Es wurde schlichtweg von niemandem genauer nachgeprüft, ob die Quittungen für die teuren Lieferungen vom Großmarkt und der Metro auch ihre Richtigkeit hatten. Hauptsache, die Bilanz stimmte am Ende. Enzo hatte ihm damals nicht zuviel versprochen: Sein Bruder Antonio war in der Tat ein begnadeter

Fälscher. Wobei eine Metro-Rechnung natürlich einfacher zu kopieren war als etwa ein US-Reisepass. Sein Koch hielt nicht nur wegen Antonios Mithilfe dicht. Dank seines lukrativen Zusatzverdienstes wurde Enzo schnell zum gern gesehenen Gast in den Spielspelunken der Südstadt. „Herr Schabner, warum haben Sie überhaupt Convenience-Produkte für das ‚Bellavista' geordert? Meines Wissens ist das zwar vorgekochte Massenware, aber dafür ganz schön teuer. Verstehe ich nicht. Erklären Sie mir das mal?" Schabner hörte still in sich hinein. Hätte er in diesem Moment einfach den Mund halten sollen? Aber warum? Es wäre ohnehin nicht mehr lange zu verheimlichen gewesen. Jetzt, wie sie Food Solutions offenbar schon ins Visier genommen hatten. So eine verdammmte Sauerei! Dabei hatten er und Enzo noch schnell alle Verpackungen beiseite geschafft, bevor die Bullen angerückt waren. Nur diesen einen verdammten Zettel hatten sie in der Aufregung schlichtweg übersehen. „Nun, Frau Gluns. Wie soll ich sagen. Ich habe gewissermaßen einen Vorzugspreis bekommen." „Vorzugspreis? Wieso? Gute Beziehungen zur Geschäftsleitung?" „Ein Studienfreund. Wir haben beide Betriebswirtschaft in Heidelberg studiert." „Eins habe ich im Leben gelernt: Im Geschäftsleben gibt es nichts für lau. Also, warum der Vorzugspreis? Werden Sie erpresst?" Schabner wandt sich wie eine Schlange auf der glühenden Grillkohle. „Nein! Es ist so: Die Ware war nicht mehr ganz… Sie hatte schon ihr…" Der Kommissarin blieb der Mund offen stehen. „Sie meinen, die Sachen waren abgelaufen? Statt sie im Müll zu entsorgen, haben Sie es gewinnbringend über ihre Bewohner entsorgt? Meine Fresse! Wenn Sie Pech haben, sind Sie wegen Beihilfe zum Mord dran. Irgendwer muss das Gift ja in das Essen getan haben. Die Gräfin ist jedenfalls nicht von allein gestorben." „Woher wollen Sie das wissen? Sie haben ja noch nicht mal das Obduktionsergebnis. Das kriegen Sie frühestens morgen. Den einen oder anderen ‚Tatort' habe ich auch gesehen." Gluns nickte scheinbar zustimmend. „Sie haben ja so recht. Aber wir haben bereits das Essen untersucht." Gluns wechselte unvermittelt in eine lautere Tonart. „In dem Gulasch der Gräfin war soviel Blausäure, damit hätte man den kompletten KSC-Kader in den Fußballhimmel befördern können! Sie sagen mir jetzt sofort, wohin Sie den

Verpackungsmüll verschoben haben. Wir müssen das Zeug auf Einstichstellen und andere Spuren untersuchen. Es ist auch in ihrem Interesse, glauben Sie mir." Rüdiger Schabner hatte verstanden. Er stand auf, nahm seinen Zoop-Schal vom Kleiderständer und ging zur Tür. „Jemand hat die Sachen zur Deponie gefahren. Viel Spaß beim Suchen. Wenn Sie mich brauchen, meine Privatadresse haben Sie ja bestimmt schon ermittelt." Damit ließ er die verdutzte Kommissarin allein in seinem Büro stehen. Schließlich griff Frauke Gluns seufzend zum Handy und rief ihren Assistenten an. „Lörtz. Wir brauchen die Liste, wo dieses Ragout und die anderen Essen der letzten Tage überall hingeliefert worden sind. Sie rufen da an. Die sollen nichts, aber auch gar nichts mehr von Food-Solutions aus der Küche geben. Kümmern Sie sich darum?" „Klar, die Listen werden mir soeben ausgedruckt." „Gut. Und dann machen Sie Feierabend. Ich sehe mich hier noch ein bisschen um."

Der nächste Tag begann mit einer Hiobsbotschaft und einer Bestätigung. Gluns' Ermittlungsgruppe wurden gleich drei Kollegen abgezogen. Am Abend hatte eine Demonstration vor der U-Strab-Baugrube an der Postgalerie stattgefunden, die am Schluss eskaliert war. Das Aktionsbündnis „Nein zum Untergrund" hatte sich in den letzten Monaten zunehmend radikalisiert. In den frühen Morgenstunden war eine unbekannte, männliche Leiche in der Grube gefunden worden. Dem eilends zusammengestellten Team fehlte dringend Leute. Und Kriminaloberrat Heinz Kaminski war kein großer Fan seiner eigenwilligsten Mitarbeiterin. Gluns fluchte. „Der Alte fällt mir wieder mal in den Rücken." Wer sollte jetzt die Befragung der Residenzbewohner durchführen? Alles blieb mal wieder an ihr und ihrem Assi hängen. Mit hochrotem Kopf verließ Gluns ihr Büro in der Hertzstraße. Sie war mit Lörtz bei der Verwaltungs-Chefin des „Bellavista" verabredet. Dr. Knobels Obduktionsbericht hatte erfreulicherweise gleich morgens auf ihrem Schreibtisch gelegen. Respekt! Sein Ergebnis: Die alte Dame war tatsächlich Opfer einer massiven Blausäure-Vergiftung geworden. Gluns und Lörtz wollten herausfinden, ob es noch weitere Verbindungen von der Senioren-Residenz zu der Convenience-Food-Firma gab außer der zwischen Rüdiger Schabner und seinem Studienfreund Dr. Bertele.

Elvira Zeiler erwartete die beiden schon vor ihrem Büro in der Residenz. Bei ihrem Anblick stieg Frauke Gluns Laune gleich um ein paar Einheiten. Die Verwaltungsangestellte wog geschätzte 130 Kilo bei einer Größe von etwa einem Meter sechzig. „Der schmeckt's auch", dachte die Kommissarin und betrat freundlich lächelnd das Büro. „Do sin die Lischde von unsere Middarbaider. Jetzt lass ich Sie allä. Sie müsse des verstehe, es is ja grad alles so durschenanner. Und wo de Schabner a nimmer do is." Die Mannheimerin, die es vor vielen Jahren der Liebe wegen nach Karlsruhe verschlagen hatte, machte eine entschuldigende Geste. „Kein Problem. Wir gehen hier die Unterlagen durch und bei Fragen können wir sie ja sicher telefonisch kontaktieren", beruhigte Gluns. Elvira Zeiler nickte und machte sich auf den Weg zur Pflegedienst-Besprechung, die sie nach Schabners Abgang zum ersten Mal selbst leiten durfte. Eine Interims-Lösung, die, wenn es nach ihr ginge, ruhig eine Weile so bleiben konnte.

„Ich bin sehr froh, dass es keine weiteren Toten gegeben hat. Zumindest bis jetzt nicht", sagte Gluns, während sie die Mitarbeiter-Listen vom „Bellavista" auf Zeilers Schreibtisch mit denen von Food-Solutions verglich. „Ja klar. Zum Glück waren es nur drei andere Lieferadressen. Außer im ‚Bellavista' war das abgelaufene Zeugs noch in keinem anderen Heim serviert worden. Die wollten es alle erst am dritten Oktober als Festessen auftischen." Lörtz schüttelte den Kopf. Nicht nur Rüdiger Schabner hatte sich mit Hilfe bereits abgeschriebener Convenience-Portionen und falscher Bilanzen an seinen vermögenden Bewohnern schadlos gehalten. Ein paar seiner Kollegen waren nicht minder gierig und hatten mit Dr. Bertele ähnlich lukrative Deals ausgehandelt. Unter der Last der Beweise war der BWLer schließlich eingebrochen und hatte alles gestanden. In nächster Zeit würden in der Karlsruher Region vier neue Heimleiter-Stellen ausgeschrieben werden ... Auch alle regulären Auslieferungen von Food-Solutions an Restaurants und Firmenkantinen waren natürlich umgehend gestoppt worden. Noch wusste man ja nicht, ob der Anschlag gezielt der Residenz in der Kriegsstraße galt oder ob vielmehr der Hersteller des Convenience-Essens ins

Visier von Erpressern geraten war. Bis jetzt hatte es allerdings keinerlei entsprechende Erpresser-Schreiben an das Unternehmen gegeben. Stundenlang hatten Gluns und Lörtz nun schon die Listen akribisch miteinander verglichen, bis jetzt aber noch nichts Nennenswertes gefunden. Die monotone Arbeit wirkte einschläfernd. Plötzlich merkte Gluns auf. „Sehen Sie mal. Da steht, eine gewisse Helmtraud Merck sei im April 2009 im ‚Bellavista' entlassen worden. Entlassungsgrund: psychische Probleme und wiederholte Übergriffe auf Residenz-Bewohner. Checken Sie den Namen doch mal auf Ihrer Liste gegen." Emsig fuhren Lörtz' Finger über Namen, zweimal blätterte er Seiten um, dann stieß er einen triumphierenden Laut aus. „Bingo! Hier hab' ich sie!" Mehr musste er nicht sagen. „Adresse?" Gluns war wieder hellwach. „Das ist ja witzig. Bei mir um die Ecke: Geibelstraße", sagte Lörtz, während er flink alle Papiere zusammen sortierte. „Ich prüfe das nach. Sie befragen hier bitte noch die Mitbewohner." Das schmeckte ihm zwar nicht, doch Lörtz fügte sich. Seiner Chefin zu widersprechen, war ein Fehler, den er nur am Anfang ihrer Zusammenarbeit ein paar Mal begangen hatte. Aber ansonsten kamen sie gut miteinander klar.

Während Kevin Lörtz Ex-Generäle, Bankiersgattinnen und eine stocktaube Opernsängerin aus Paris („Isch waahr der beste Subrett an die Operr!") diskret auf mögliche Motive und Alibis abklopfte, hatte sich Frauke Gluns vom Personalbüro von Food-Solutions die Personaldaten von Helmtraud Merck ins Büro mailen lassen. Man hatte sich dort zunächst äußerst sperrig aufgeführt. Doch die unnachgiebige Kriminalistin hakte solange druckvoll nach, bis der Personalchef schließlich genervt die Daten freigab. Es war doch immer wieder sehr wirksam, den Leuten die fatalen Konsequenzen der Behinderung von Ermittlungsarbeit vor Augen zu führen! „Geboren 1951, verwitwet, keine Kinder, seit September 2009 bei Food-Solutions angestellt, aha." Diese Informationen waren relativ belanglos. Aber die ehemalige Residenz-Pflegekraft war in der Abteilung „Abfüllung und Verpackung" tätig. Das wiederum war sehr interessant. Gluns las weiter: „Krankgeschrieben seit Ende August. Na, dann am besten mal gleich auf die Geibelstraße!" Sie griff sich ihre Lederjacke und die heißgeliebte orangefarbene Strick-Umhängetasche. Ihre SIG Sauer P6 ließ sie in der Schublade. So wie meistens.

Obwohl die Septembersonne ein angenehm goldenes Licht verbreitete, war das Wohnzimmer in der Geibelstraße komplett gegen die Helligkeit abgedunkelt. Nur vereinzelt stachen ein paar Sonnenstrahlen wie Lichtschwerter durch die Ritzen der alten Holzrollläden. Die verblichenen Mustertapeten, der völlig abgetretene Schlaufenteppich, das Sofa mit dem abgewetzten Samtbezug und der schmiedeeiserne Kerzenständer verbreiteten im Wohnzimmer die morbide Aura längst vergangener Tage. Ein gemarterter Jesus blickte hilfesuchend von seinem riesigen Holzkreuz aus in das Wohn-Chaos. Ein kleiner Weihwasser-Behälter mit ausgebleichten Plastikzweigen hing neben ihm. Die Atmosphäre der muffigen Vier-Zimmer-Wohnung legte sich wie ein Bleimantel auf Frauke Gluns Gemüt. Hier hatte sich offenbar jemand seit Jahrzehnten vor der bösen Welt da draußen verbarrikadiert. Verzweifelt sah sie sich nach irgendeinem Lichtblick um. Vergeblich: Überall stapelten sich Kartons, Wäscheberge, Bücher und Zeitungen. Der Staub kitzelte in ihrer Nase. Es war nicht wirklich schmutzig, nur komplett zugestellt. Eine Messie-Wohnung. Gluns ahnte, wie es in den anderen Räumen aussehen musste.

„Wollen Sie sich nicht setzen?" Helmtraud Merck hatte gleich beim ersten Klingeln auf den Türöffner gedrückt. Als hätte sie ihren Gast erwartet. Sie hatte kurze, weißgraue Haare und hinkte leicht. Auch ihre geblümte Hausfrauenschürze wirkte wie aus einer anderen Zeit. Mit ihren dünnen Lippen und den blassblauen Augen war sie Gluns sofort unsympathisch. „Ich habe nur ein paar Fragen." „Ach! An mich?" Merck lächelte entrückt. „Ja, Sie haben auch mal im ‚Bellavista' gearbeitet. Stimmt das?" „Oh ja. Ein schönes Haus, ein sehr schönes Haus. Aber die Menschen dort." Die ältere Dame sah auf einmal furchtbar betrübt aus und schüttelte resigniert den Kopf. „Was war denn mit den Menschen dort?" Der unvermittelt schrille Tonfall ließ die Kommissarin zusammenfahren. „Atheisten! Sie verspotteten unseren Herrn! Geld! Schmuck! Grundstücke! Aktien! Die Alten hatten nur den verdammten Mammon im Kopf. Sie tanzten um das goldene Kalb, diese elenden Ketzer! Eine Schande! Oh mein Gott, wie sehr habe ich gelitten!" Ein spontaner

Weinkrampf schüttelte ihren Körper. Frauke Gluns ahnte, dass wohl vor allem die Residenz-Bewohner damals zu leiden hatten, aber sie schwieg. Dunkel erinnerte sie sich an ein Seminar vor Jahren, in dem es um den Umgang der Polizei mit psychisch Kranken ging. Was hatte der Dozent ihnen damals immer eingebläut? „Den Kranken ernst nehmen, ihn beruhigen und deeskalierend auf die Situation einwirken" oder so ähnlich. „Ich verstehe. Stimmt es, dass Sie gegenüber einigen Bewohnern tätlich wurden?" Das Weinen verstummte abrupt. Merck starrte ihren Besuch ungläubig an. „Ja, was hätte ich denn tun sollen? Die wollten doch meine Seele zerstören! Ich hatte keine Wahl. Manchmal hilft nur der Schmerz, um endlich zu verstehen. Der Herr hat mein Handeln gebilligt." Merck hätte in ihrem ganz persönlichen Kreuzzug am liebsten wieder die Scheiterhaufen der Heiligen Inquisition zum Lodern gebracht. Hier lag eindeutig genug Wahn vor, um auch Gift als Mittel der Bekehrung einzusetzen. „Frau Merck, haben Sie Zugang zu Medikamenten oder anderen gefährlichen Stoffen? Wie zum Beispiel Blausäure?" Die Frage hatte alles andere als eine „beruhigende Wirkung" auf die geistig Verwirrte. Als hätten sich die Pforten der Hölle vor ihr geöffnet, begann Merck gellend loszuschreien. Noch schlimmer als ihr markerschütterndes Geheul wog die Tatsache, dass sie dabei ein kurzes, spitzes Zwiebelmesser aus ihrer linken Schürzentasche zog. Mit einem irren Gesichtsausdruck stürzte sie sich auf Gluns und stach sofort zu. Dreimal traf sie ihr Opfer am Arm, doch das dicke Leder dämpfte die Stiche ab. Wie von Sinnen versuchte Merck es jetzt ein Stück höher. Oh ja, sie würde dieser Ignorantin das Gesicht zerhacken! Ein brennender Schmerz in der Schulter durchfuhr Gluns. Die Kommissarin verfluchte sich für ihre Unvorsichtigkeit. „Ohne Knarre und zweiten Mann zu einer Befragung – was für ein Scheiß-Anfängerfehler", schoss ihr durch den Kopf, während sie verzweifelt versuchte, die Attacken der durchgedrehten Frau abzufangen. Ein Stich in die linke Hand. Und wieder einer, diesmal in die rechte. Es tat furchtbar weh. „Fuck!" Frauke Gluns war nicht verrückt. Aber es gab eine Stufe des Zorns, die auch in ihr animalische Kräfte freisetzen konnte. Sie wollte jetzt nur noch eines: Diese kranke Sau ausschalten, von der sie gerade wie ein lebender Spickbraten bearbeitet wurde! Blitzschnell griff sie mit ihrer blutenden Hand nach dem gedrechselten Kerzenständer. Dank jahrelangen Power-Plate-Muskeltrainings hatte sie Bizeps wie ein kanadischer Holzfäller und konnte locker mit einem Finger drei Säcke Katzen-Klumpstreu auf einmal stemmen. Eine Drehung, ein dumpfer Schlag, ein splitterndes Geräusch, dann Stille: Mit einem verzückten Blick hatte Helmtraud Merck den Hieb gegen den Hinterkopf empfangen wie eine Hostie aus der Hand des Papstes. Während Teile ihres Kleinhirns die Tapete herunterflossen, entwich ihren zittrigen Lippen ein letztes Gebet. Dann fiel sie vornüber auf einen Stapel alter „Frau mit Herz"-Zeitschriften. „Situation deeskaliert!" Grimmig schmiss Gluns den Kerzenständer neben die Tote. Dann ließ sie sich kraftlos in einen der alten Sessel fallen und starrte auf den leidenden Jesus. Mindestens zwei Stunden lang.

„Sechsedreisisch, siwenedreisisch!" Erika hatte wieder diesen unglaublichen Charme in ihrer Stimme. Kevin Lörtz erhob sich, um die Bons einzulösen. Seine Chefin konnte noch nichts halten, ihre Hände steckten in dicken Verbänden. Auch ruckartige Bewegungen waren zur Zeit nicht ratsam: Ein Stich von Helmtraud Mercks Zwiebelmesser hatte den Schulterknochen erwischt. Alles in allem harmlose, aber langwierige und schmerzhafte Verletzungen. Es war Lörtz, der seine Chefin schließlich in der Geibelstraße gefunden hatte, nachdem er sie nicht auf ihrem Handy erreichen konnte. Blutverschmiert und mit starrem Blick hatte sie ihm geöffnet. „Chefin!" „Ich tauge nichts, Lörtz. Ich habe alles falsch gemacht. Ich hätte nicht ohne Sie gehen dürfen. Ich könnte mir so was von in den…" Dann fiel sie einfach um. Lörtz rief von dem alten grauen Wählscheibentelefon aus einen Notarzt und einen Leichenwagen. Sein Akku war leer.

Die weiteren Untersuchungen ergaben, dass Helmtraud Merck seit Jahren zu Herbstbeginn Blausäure in der Rheinapotheke bestellte. „Sie sagte uns, dass sie Weihnachtsstollen für ihre große Verwandtschaft bäckt. Wir haben ihren Namen samt Anschrift natürlich notiert. Das ist ja Vorschrift. Aber es ist in all den Jahren nie etwas vorgefallen", gab die bestürzte Apotheken-Chefin zu Protokoll.

Die gebürtige Ostberlinerin Merck hatte während ihrer Zeit im „Bellavista" offensichtlich Schabners Machenschaften mitbekommen, ihr Wissen aber für sich behalten. Nach ihrem Rauswurf ließ sie sich bei „Food-Solutions" anstellen. Das war kein Problem, da Dr. Bertele nicht für Personalfragen zuständig war und sie somit niemanden bei der neuen Firma kannte. „Food Solutions" suchte ständig händeringend Personal. Helmtraud Merck schien als ehemalige Pflegekraft und Diätköchin qualifiziert genug, die riesigen Kochkessel und die Abfüllanlagen im Auge zu behalten.

Da sie genau wusste, welche abgelaufenen Chargen ins „Bellavista" gingen, war es ein Leichtes, Blausäure in eine Portion Hirschragout zu spritzen. Wen es treffen würde, war Merck offensichtlich egal. Ihr fanatischer Hass galt allen Bewohnern – und auch dem Personal. So stand es zumindest in ihrem Tagebuch, das man neben einer Bibel und einigen Schriften von Papst Benedikt XVI. auf ihrem Nachttisch fand. Sie hatte nie einen Psychiater oder andere psychologische Hilfe in Anspruch genommen. Mercks Wahnvorstellungen und schizoide Schübe konnten sich im Lauf der letzten Jahre daher immer stärker manifestieren.

„Lörtz, wollen Sie ein paar von meinen karamellisierten Zwiebeln", fragte Gluns, während der ihr Schnitzel kleinschnitt. „Nö, lassen Sie mal. Zwiebeln wären jetzt nicht so gut. Ich habe heute abend noch was vor." „Ach, die junge Bosnierin?" „Woher wissen Sie denn das jetzt schon wieder?" „Ich war auch mal jung." Kevin Lörtz lachte. „Aber Chefin, das sind Sie doch noch immer, gell?" Ihm war klar, dass sich seine Zusammenarbeit mit Kriminalhauptkommissarin Frauke Gluns von nun an noch wesentlich entspannter gestalten würde.

■ Andrea Baron

Die in Mannheim geborene Redakteurin Andrea Baron gibt sich nicht nur beruflich dem Schreiben hin. Neben ihren privaten Interessen, wie dem Reisen und der Musik, absolvierte sie ihr Studium „Magister Artium" 1994 in Heidelberg. Danach hat sie ihre Karriere als Redakteurin begonnen, die sie Stück für Stück näher nach Karlsruhe brachte.

Patricia Erb-Korn,
Geschäftsführerin Rheinhäfen

„Eine abgelegene Lagerhalle, Vogelgezwitscher, morgendlicher Sonnenschein... Doch diese Geschichte beschreibt keine Idylle am Hafenbecken, sondern lässt ihren Protagonisten einen Albtraum durchleben, den man seinem schlimmsten Feind nicht wünscht. Der Autor Christian Schoch nimmt uns mit zu den Abgründen menschlichen Handelns – nichts für schwache Gemüter! "

Traumland ■
von Christian Schoch

Die ersten Vögel zwitschern und aus der Ferne hört man das Rattern und Quietschen der Beladekräne die gerade beim be- und entladen der Frachtkähne sind. Im Hintergrund ist das tiefe Hupen der Schiffe auf dem Rhein zu hören. Vor den großen Fenstern der Lagerhalle geht in einem rotglühenden Ball die Morgensonne über dem Rheinhafen auf. Ein erster Sonnenstrahl, in dem kleine Staubteilchen tanzen, stiehlt sich durch das zerbrochene Fenster und hinterlässt ein Schattenspiel auf dem Boden. In einem bizarren, anmutig wirkenden Schauspiel sieht man in der Mitte des Raumes eine bis auf ihren Slip entkleidete Person in der Waagerechten schweben. Sie befindet sich zirka zwei Meter über dem Boden und es scheint so, als wären ihr einziger Halt in dieser Höhe Haken, die in langen schwarzen Seilen von der Decke hängen und durch die Haut gestochen sind. An den Stellen, an denen die Haken sind, hebt sich die Haut ab und man hat das Gefühl, dass sie gleich ausreißen müssten. Insgesamt sind es 13 Stück die über den ganzen Körper verteilt sind und ihn aussehen lassen, als würde er auf dem Rücken liegen. Beim genaueren hinschauen erkennt man, dass es sich um eine männliche Person handelt, mit kurzen schwarzen Haaren und einigen Kilos zuviel auf den Hüften. Langsam scheint der Mann zu sich zu kommen. Man hört ein leises Stöhnen und sieht wie die Seile leicht zu schwanken anfangen. „Mann oh Mann", dachte sich Stefan, „was war denn gestern Abend los gewesen?"

In seinen Gedanken drehte und schwankte alles und er hatte das Gefühl zu schweben. Er hatte einen totalen Blackout und konnte sich an nichts mehr erinnern. Er wusste nur, dass er in der Stadtmitte war und kräftig gefeiert hatte und dann? Was ist dann passiert? In seinem Kopf schien eine ganze Herde Elefanten eine Party zu feiern. Poch, poch, poch machte es und er hatte Angst, seine Augen zu öffnen. Er wollte sich lieber umdrehen und weiterschlafen. Vielleicht würde es ihm nachher besser gehen. Er versuchte sich zu drehen und bemerkte, dass es nicht ging. Das Gefühl zu schwanken verstärkte sich und ihm wurde schlecht. Mühsam unterdrückte er die aufkommende Übelkeit. Ein saurer Geschmack machte sich in seinem Mund breit und das Gefühl, sich erbrechen zu müssen, kam erneut auf. „Verdammte Scheiße", dachte er, „was ist den hier los? Warum kann ich mich denn nicht drehen?" Ein dumpfer Schmerz überzog seinen ganzen Körper. Langsam öffnete Stefan die Augen um sich umzuschauen. Das Tageslicht schmerzte in seinen Augen und das dröhnen in seinem Kopf wurde stärker. Schnell schloss er sie wieder und startete einen neuen Versuch. Blinzelnd versuchte er sich erneut daran, die Augen zu öffnen, um endlich zu sehen, was hier los war. Im Hintergrund drang Musik in seine Ohren. „War das nicht Rammstein?", fragte er sich. Er versuchte sich auf das Lied zu konzentrieren und konnte den Text verstehen: „Du blutest für mein Seelenheil. Ein kleiner Schnitt und du wirst geil. Der Körper – schon total entstellt. Egal, erlaubt ist, was gefällt."

„Was zur Hölle war denn hier los?" Hatte er sich noch eine CD eingelegt als er nach Hause gekommen war? Er konnte sich beim besten Willen an nichts mehr erinnern. Gerade lief der Refrain und er hörte wie ihn jemand lauthals mitsang: „Ich tu' dir weh. Tut mir nicht Leid! Das tut dir gut. Hör wie es schreit!"

Panik überkam ihn. „Wer war das?" Sein Herz fing an zu rasen und er riss die Augen auf. Irgendjemand war in seiner Wohnung und er wusste nicht wer. Er lebte alleine und er hatte absolut keinen Schimmer, wer hier in seiner Wohnung sein sollte. Desorientiert schaute er sich um und ignorierte das Hämmern in seinem Schädel. „Was war hier nur los?" Er drehte seinen Kopf hin und her und versuchte sich zu bewegen. Schmerzen durchfuhren seinen Körper und er stöhnte laut auf. Wo war er nur? Das sah hier mal gar nicht wie seine Wohnung aus. Über ihm führten von Öl und Schmutz überzogene Stahlbalken an der Decke entlang. Weiter links davon konnte er einen gelben Hallenkran, an dem die Farbe schon teilweise abblätterte, sehen. Er schien quer durch die Halle auf einer Laufschiene zu führen. Ein Kabel lief zu einer Handsteuerung die knapp über dem Boden baumelte. Überall im Raum waren stabile Pfeiler als Stütze der Decke angebracht. Überhaupt sah es wie in einer großen, alten Industriehalle aus. Betrachtete man noch den Dreck und die achtlos liegengelassenen Überbleibsel, schien sie auch schon eine Weile leerzustehen. Und was waren das für Seile die über seinem Körper hingen. Irgendetwas stimmte hier ganz und gar nicht. So langsam registrierte sein Gehirn das ganze Ausmaß seiner Lage. Ihm wurde jetzt auch klar, warum er sich nicht bewegen konnte. Die Seile die er sah, führten zu seinem Körper und am Ende waren Haken befestigt, an denen er hing. Als er seinen Kopf drehte sah er auch, dass er über dem Boden schwebte und eine erneute Panik überfiel ihn. „Nein, neeeiin, nein... was ist denn das für ein Alptraum hier?" Er konnte keinen klaren Gedanken mehr fassen und war einer Ohnmacht nahe. Das Glück hatte nur kein Mitleid mit ihm und lies ihn nicht in die erlösende Tiefe der Ohnmacht gleiten.

„Ah, der werte Herr ist endlich aufgewacht", hörte er hinter sich eine Stimme. „Wurde aber auch langsam Zeit. Ich hatte mir schon Sorgen gemacht, Sie würden ewig schlafen", bei dem Wort schlafen kicherte die Person vor sich hin.

„Wer sind Sie? Was ist hier los? Was haben Sie mit mir gemacht?"

„Na, na, na, mein Lieber. Immer schön langsam der Reihe nach."

Stefan versuchte seinen Kopf in die Richtung der Stimme zu drehen. Sofort fing die Konstruktion zu pendeln an und ein Schmerz durchfuhr seinen Körper. „Scheiße, scheiße, scheiße", dachte er. „Hoffentlich reißen die Haken nicht aus der Haut". Schweiß rann über seine Stirn und lief ihm ins Auge. Reflexartig wollte er seinen Arm heben, um sich den Schweiß aus dem Auge zu wischen.

„Immer ruhig bleiben", sagte die Stimme hinter seinem Kopf.

„Wir wollen doch nicht, dass du dir weh tust."

„Weh tun? Du kannst mir mal den Sack aufblasen, du kleines, dreckiges Arschloch", schrie Stefan voller Wut und Angst, dass ihm dabei kleine Speicheltropfen aus dem Mund schossen. „Wähle deine Worte mit Vorsicht, es könnte sein, dass sich dein Wunsch sonst erfüllt", erwiderte die Stimme mit einem hämischen Unterton.

„Komm her, damit ich sehen kann, was für ein kranker Arsch mit mir redet. Oder bist du zu feige, dich mir zu zeigen?"

„Aber nicht doch, du wirst mich schon noch zu sehen bekommen und dann wirst du dir wünschen, ich wäre wieder weg. Ich muss nur noch einige kleine Vorbereitungen treffen und dann wirst du meine ganze, ungeteilte Aufmerksamkeit haben."

Stefan hörte, wie sich Schritte entfernten und irgendwo Metall klapperte und die Stimme wieder lauthals ein neues Lied mitsang:

„Kick your ass to heaven. With rock'n roll tonight. I'll make this night a special one. Make you feel alright…I'm gonna beat the beat tonight. It's time to break the ice. Dynamite, Dynamite, Dynamite…"

Seine Gedanken überschlugen sich und er versuchte sich seine realen Chancen auszurechnen, aus dieser beschissenen Situation wieder herauszukommen. Er konnte sich leicht ausrechnen, was der Typ hier vorhatte. Dazu brauchte er sich nur umzusehen und zu schauen, was das kranke Hirn bisher mit ihm angestellt hatte. Es sah überhaupt nicht gut für ihn aus. Wenn er sich doch wenigstens erinnern könnte, wie er hier überhaupt hingekommen ist. Aber alles in seinen Gedanken, war wie hinter einer Nebelwand. Es war, als ob der gestrige Abend komplett aus seinem Gedächtnis gelöscht wurde. Aus der Richtung der Musik hörte er das Geräusch von einem Rollwagen, der geschoben wurde. „Mist, er kommt schon zurück", dachte Stefan, „und ich weiß noch immer keine Lösung." Pfeifend hörte er ihn näher kommen.

Als er in seinem Blickfeld erschien, hätte er lauthals loslachen können, wäre die Situation nicht so ausweglos gewesen. Der Typ trug doch glatt einen schwarzen Trägerbody samt Maske aus Latex. Vor sich schob er einen Wagen aus Edelstahl auf dem verschiedene Dinge lagen. Er konnte sie nicht genau erkennen, aber es sah nicht gut für ihn aus. Zum Spaß hatte er diese bestimmt nicht mitgebracht.

„Hey, willst du auf eine Kostümparty gehen?", fragte er ihn erstaunlich ruhig, wenn man seine Lage betrachtete sollte er doch voller Angst und Panik sein.

„Deine Witze werden dir schon noch vergehen, wenn ich mit dir fertig bin."

„Ach ja, erzähl mir lieber einmal, wie ich überhaupt hier hergekommen bin und was du mit mir angestellt hast."

„Na schön, ich möchte deine Gedanken mal ein bisschen auffrischen. Gestern Abend habe ich dich in der Stadtmitte gesehen und ich fand, dass du mein ideales Versuchsobjekt bist. Also habe ich dir etwas GHB, auch bekannt als Liquid X, unbemerkt in deinen Drink gemischt. Eine der Nebenwirkungen ist teilweiser Gedächtnisverlust. Darum kannst du dich an nichts erinnern. Der Rest war eigentlich recht einfach. Als das GHB anfing zu wirken, hast du rein zufällig meine Bekanntschaft gemacht und die Aussicht, dass ich ein paar nette willige Mädchen kennen würde, die nur auf dich warteten um dir deine geheimsten Fantasien zu erfüllen, hat dazu geführt, dass du mit mir hierher gegangen bist. Hier habe ich dir noch einmal einen Drink mit etwas GHB verabreicht und das andere war dann nur noch ein Kinderspiel. Ich hoffe, ich habe deinen Wissensdurst etwas stillen können", endete er mit einem kehligen Kichern.

Wenigstens waren ihm jetzt einige Dinge klarer, dachte er sich. Soweit er etwas über die Droge gelesen hatte, war ein Teil der Wirkung, dass sie aufputschend und angstlösend sein sollte. Was immerhin erklären würde, warum er nicht in eine Dauerpanik verfiel. Was ihm aber durchaus Sorgen bereitete, war die immer noch ausweglose Situation, in der er war. Es gab niemanden, der ihn schnell vermissen würde, um nach ihm zu suchen. Erst sein Arbeitgeber würde sich nach einigen Tagen Gedanken machen, warum er nicht zu seiner Arbeit erschien. Bis dahin war es wahrscheinlich schon lange zu spät. Überhaupt wusste ja auch niemand, wo er suchen sollte. Karlsruhe war eine große Stadt mit vielen Möglichkeiten jemanden unbemerkt zu verstecken. Oder war er letztendlich gar nicht mehr in Karlsruhe?

„Hey, du kranker Arsch", es war jetzt sowieso egal was er zu ihm sagte, dachte er sich. „Und wo ist das hier genau?"

„Da wo wir ganz unter uns sind, vollkommen ungestört und alleine. Mir gehört eine Lagerhalle im Rheinhafen. Aber du brauchst dir keine Hoffnung machen, dass dich hier jemand findet. Die Halle befindet sich am äußersten Ende des Hafens."

„Und jetzt, was hast du jetzt mit mir vor?", fragte Stefan.

„Jetzt mein Lieber, werden wir eine Menge Spaß mit meinen Spielzeugen haben", sagte er und nahm etwas von dem Wagen, drehte sich nach links und drückte auf das Gerät in der Hand. Augenblicklich verstummte der Song und eine neue Stimme grölte: "Here we go... crush, crush, crush 'em... Enter the arena and hit the lights. Step up now you're in for a ride. This is war, ain't no fun and games we get it up, you go down in flames."

Dann drehte er sich wieder zu ihm um, machte einige Schritte auf die Steuerung des Kranes zu, griff danach und betätigte einen Knopf. Mit einem Surren wurde Stefan in Richtung Boden gefahren. Als er auf der Höhe des kranken Arschgesichtes war, ließ dieser den Knopf los und Stefan pendelte sich knapp über dem Boden langsam wieder ein. Ein Gefühl wie von Nadelstichen durchfuhr seinen Körper und er stöhnte leise auf. Der Typ ließ die Handsteuerung los und drehte sich wieder zu seinem Wagen, griff nach etwas und hob es auf. Mit einem Kopfnicken bestätigte er seine Auswahl und tat einen Schritt auf Stefan zu. Als er vor ihm stand, sah er, was dieser in seinen Händen hielt. In der einen Hand war es eine Art Flachzange und in der anderen hielt er ein Skalpell.

Durch den Mundschlitz dieser bescheuerten Maske, konnte er den Psycho lächeln sehen. Langsam führte er die Zange zu seiner linken Brustwarze, umklammerte diese und hob sie etwas an. Dann ging es sehr schnell und die Hand mit dem Skalpell schnitt ihm die Brustwarze durch. Ein kräftiger Schmerz ließ Stefan laut aufheulen und er schrie den Typ mit Speichel vor dem Mund an: „Du kranker Irrer, du Wahnsinniger, du...", Stefan versuchte, sich zu bewegen, nur hing er in diesen beschissenen Seilen fest. Er spürte wie ihm warmes Blut über den Brustkorb lief und sah wie die Zange seine rechte Brustwarze anhob und der Psychopath ihm diese auch noch durchschnitt. Ein erneuter Schmerz flammte in ihm auf und er wünschte den Typ in die Wüste. „Warte nur bis ich hier loskomme, du dreckige kleine Kanalratte. Ich bringe dich um. Ich verfolge dich bis in die Hölle und wieder zurück. Bei jedem Geräusch wirst du zusammenzucken und dich fragen, ob ich dich gefunden habe, um Rache an dir zu nehmen", schrie Stefan aus Leibeskräften.

„Du hast wohl vergessen, wer hier die Spielregeln bestimmt? Du brauchst dir nur einmal deine Lage anzuschauen und ich glaube kaum, dass du jemals wieder lebend hier rauskommst", antwortete er ihm. „Und selbst wenn es dir aus irgendwelchen Gründen tatsächlich gelingen sollte, weißt du immer noch nicht, wer ich bin und wo du mich suchen sollst."

„Ich würde mich darauf nicht verlassen, ich werde Mittel und Wege finden, dich aufzuspüren. Also solltest Du deinen Job gut tun und es schnell erledigen." Stefan versuchte den Psycho zu provozieren, um ihn zu einer unüberlegten Handlung hinzureißen aus der es vielleicht einen Weg geben würde, das Unvermeidliche hinaus zu zögern.

„Nein, nein", sagte dieser tadelnd und bewegte seinen Zeigefinger dabei hin und her. „So einfach werde ich es dir nicht machen. Ich habe dein Spielchen durchschaut. Ich werde mich dir intensiv und langsam widmen. Schließlich möchte ich doch meinen Spaß dabei haben und dich leiden sehen," sprach er und nahm einen neuen Gegenstand vom Wagen. Als Stefan sah, was es war, versuchte er die Seile in Schwingung zu bringen. Sollten doch die verdammten Haken aus seiner Haut reisen. Er hatte ja sowieso Nichts mehr zu verlieren. Hier ging es ums nackte Überleben, um sein Leben und er wusste jetzt, dass er von dem Typ kein Mitleid zu erwarten hatte. Tränen schossen ihm in die Augen und er verfluchte sich dafür, Schwäche vor dem Psycho zu zeigen. Aber er konnte nicht mehr, er war mit seinen Nerven am Ende. Seine Glieder zuckten und er wandt sich noch mehr in den Seilen. Aber die Haken hielten in seiner Haut.

„Gib auf", sagte dieser zu ihm „Außer Schmerzen, wirst Du keinen Erfolg haben. Die Leute haben keine Ahnung davon, wie widerstandsfähig und belastbar die Haut ist." Er kam mit dem Ding, einem Zigarrenschneider, näher und griff nach der rechten Hand von Stefan. Schnell schloss er die Hände zu einer Faust, weil er sich schon denken konnte, was dieser jetzt mit ihm vorhatte. Leider hatte er keinen Erfolg dabei. Irgendwie gelang es dem Psycho den Zigarrenschneider über seinen kleinen Finger zu schieben. Stefan jammerte und stammelte vor sich hin. „Bitte, bitte nicht... ich gebe ihnen Geld. Sagen Sie mir wie viel und ich besorge es ihnen."

„Du hast es wohl noch immer nicht kapiert? Ich mache dies nicht wegen Geld, sondern aus reiner Lust an der Freude. Weil ich einfach Spaß dabei habe, dich zu quälen," sprach er und drückte in dem Moment den Zigarrenschneider zu. Stefans Eingeweide zog es zusammen und ein erneuter Schmerz durchfuhr seinen Körper. Dieses Mal meinte es das Schicksal gut mit ihm und ließ ihn in eine Ohnmacht sinken. Als er wieder zu sich kam, konnte er nicht sagen wie lange er weggetreten war. Er sah nur auf seine Hand und bemerkte, dass jemand ein Verband darum gelegt hatte. Von der Stelle wo einmal sein Finger war pochte der Schmerz seinen Unterarm hinauf.

„Sind wir wieder unter den Lebenden?", hörte er diese verdammte Stimme neben sich. „Dann können wir ja unser Spielchen fortsetzen. Ich habe mir erlaubt, auf ihre Anwesenheit zu warten. Ich wollte ja nicht, dass Sie den ganzen Spaß verpassen." „Sie sind doch ein völlig durchgeknallter Spinner. Irgendwann werden Sie sich für ihre Taten verantworten müssen und ich hoffe, dass man dann genau so wenig Mitleid mit ihnen hat, wie Sie mit mir. Oh ja, ich wünsche, dass Sie einmal das gleiche durchleben wie ich und Sie dann um Gnade betteln und winseln und man Sie nur auslacht."

„Dafür müssen Sie mich erst einmal erwischen. Die Polizei ist doch unfähig, jemanden wie mich zu schnappen. Dort sind doch nur inkompetente Schnarchnasen beschäftigt, die hinter ihren Schreibtischen versauern. Und jetzt genug davon", sprach er und ging wieder zu seinem Wagen, um sich ein neues Spielzeug auszusuchen. „Ich möchte doch nicht, dass du dich langweilst." Er nahm eine Spritze zur Hand und zog aus einer Ampulle eine Flüssigkeit damit auf. „Ich werde dir jetzt etwas Lidocain verabreichen. Damit können wir noch mehr Spaß haben, ohne dass du mir wieder ohnmächtig wirst." Er drehte sich zu ihm um und setzte die Spritze im unteren Bauchraum an. Danach legte er die Spritze beiseite, nahm erneut das Skalpell zur Hand und setzte einen Schnitt auf der linken Seite. Stefan bemerkte davon nur einen dumpfen Druck. Er versuchte seinen Kopf zu heben, um zu sehen was mit ihm angestellt wurde.

„He, du kranker Arsch", schrie Stefan mit hochrotem Kopf. Seine Muskeln verkrampften sich und Gänsehaut überzog seinen Körper. Übelkeit kam in ihm hoch und er unterdrückte den aufkommenden Brechreiz. Der saure Magensaft löste Ekel in seinem Mund aus und er schluckte das Ganze angewidert wieder hinunter. „Was machst du da mit mir?"

Sein Peiniger schaute ihn nur hämisch unter seiner Maske hervorgrinsend an und machte sich weiter an seinem Bauch zu schaffen. Am Glitzern seiner grünen Augen, konnte Stefan sehen, dass dieser seinen Spaß dabei hatte, ihn so leiden zu sehen. „Wenn doch nur schon alles vorbei wäre", dachte er sich. Er hatte die Hoffnung aufgegeben, lebend hier raus zu kommen. Er würde elendig krepieren in dieser beschissenen Halle und draußen lebten alle ihr Leben weiter. Wie kleine Marionetten in einem Puppenspiel, umgeben von einem schützenden Kokon und so ahnungslos, wie pervers die Menschheit doch sein konnte. Plötzlich klirrten irgendwo Fenster und in der Halle verbreitete sich Nebel, der in seinen Augen brannte. „Was ist denn jetzt schon wieder los?", fragte er sich. War der Typ den jetzt total durchgedreht. Von überall hörte er auf einmal Geschrei und Schüsse und er sah hinter dem sich verziehenden Nebel, wie sich sein Peiniger krümmte und das Skalpell fallen ließ. Im gleichen Atemzug wurde der Typ nach hinten gerissen und rührte sich nicht mehr. Über ihm erschienen auf einmal Gesichter mit Gasmasken. „Nein, nein", schrie er aus Leibeskräften und wandt sich in den Seilen. „Waren denn jetzt noch mehr von diesen perversen Typen hier aufgetaucht, um eine Party mit ihm zu feiern?" Er konnte nicht mehr und sein ganzer Körper schüttelte sich unter Krämpfen und Zuckungen. Wie aus der Ferne hörte er wie jemand schrie „Schnell einen Arzt". Und er glitt hinweg in eine erlösende Dunkelheit.

Piep, piep, piep. „Was war das?" Langsam erwachte Stefan und er versuchte das Geräusch einzuordnen. „Wo war er überhaupt?" Schlagartig fiel es ihm wieder ein und er öffnete die Augen und wollte sich reflexartig aufrichten. Irgendetwas hinderte ihn aber daran und er hörte eine Stimme. „Immer langsam Herr Richter, wir wollen doch nicht, dass Sie sich verletzen." Er drehte sich in Richtung der Stimme und sah eine weibliche Person in Weiß gekleidet. Dann schaute er sich in dem Raum um und sein Gedächtnis versuchte die Informationen zu verarbeiten.

„Sie sind hier in Sicherheit", sprach die Person weiter zu ihm. „Ich bin Dr. Paula Schneider."

„Wie bin ich hierher gekommen? Was haben Sie mit mir gemacht?" „Die erste Frage sollte ihnen lieber die Polizei beantworten, die schon sehnsüchtig darauf wartet, dass Sie aufwachen. Zu ihrer zweiten Frage, kann ich ihnen sagen, dass es zuerst nicht gut ausgesehen hat. Die Verletzungen, die man ihnen zugefügt hat, waren sehr schlimm und wir haben alles Mögliche getan, um Sie wieder hinzubekommen. Den Rest mussten Sie dann schon alleine erledigen." Als es an der Tür klopfte schauten beide hin und sahen, wie jemand seinen Kopf durch den Spalt schob.

„Ah, Herr Kommissar Wenke, Sie kommen gerade richtig. Der Patient ist soeben aufgewacht", sprach die Ärztin.

„Denken Sie, ich kann ein paar Worte mit Herrn Richter wechseln?" fragte der Kommissar. „Fünf Minuten kann ich ihnen geben, Herr Kommissar, aber dann sollten wir Herrn Richter wieder in Ruhe lassen. Sein Körper braucht noch dringend Erholung und Schonung. Also regen Sie ihn ja nicht auf."

„Keine Angst, Frau Doktor, ich möchte nur ein paar Worte mit ihm wechseln, wenn es ihnen recht ist, Herr Richter", sprach der Kommissar und schaute dann zu ihm. Stefan konnte nur stumm Nicken und der Kommissar betrat den Raum, nahm einen Stuhl und setzte sich zu ihm an den Bettrand. Die Ärztin verabschiedete sich noch von den beiden und versprach Stefan, später noch einmal vorbeizukommen, um zu sehen wie es ihm geht.

„Nun Herr Richter, wie fühlen Sie sich?"

„Ich glaube es geht soweit. Können Sie mir sagen, was genau passiert ist und wie Sie mich gefunden haben?"

„Tja, Herr Richter, hier hat uns Kommissar Zufall geholfen. Sie hatten ganz schön viel Glück, dass wir noch rechtzeitig gekommen sind. Das Ganze haben Sie einem neugierigen Cockerspaniel zu verdanken, der seinem Herrchen ausgerissen war. Die beiden waren im Rheinhafen zusammen spazieren, als der Hund von Herrn Schulte eine Spur aufnahm und sein Jagdinstinkt zum Leben erwachte. Daraufhin riss er sich von seiner Leine los und verschwand auf ein abgesperrtes Gelände. Herr Schulte rannte ihm hinterher und kletterte über den Zaun. Als er ihn nirgendwo sah, lief er um das Gebäude, um ihn zu suchen. Bei einem Blick durch eines der Fenster, sah er den Irren in seinem Latexkostüm wie er sich blutverschmiert über Sie beugte. Schnell verschwand Herr Schulte und informierte die Polizei und den Notarzt. Den Rest haben Sie ja live miterlebt.

„Und wer war der Irre? Was ist mit ihm passiert?", fragte Stefan. „Der Irre starb bei dem Befreiungsversuch. Über seine Identität ist uns leider noch nichts bekannt, wir arbeiten mit Hochdruck daran. Bei der Durchsuchung des Gebäudes fanden wir weitere Fotos mit Opfern. Im Moment sichten wir das ganze Material und sind auf der Suche nach den Personen darauf. Leider kann und darf ich ihnen nicht mehr dazu sagen. Jetzt werden Sie erst einmal wieder gesund und erholen sich. Sollten Sie psychologische Hilfe benötigen, so wenden Sie sich vertrauensvoll an einen der zuständigen Ärzte hier im Krankenhaus. Diese werden ihnen gerne weiterhelfen. Ich werde Sie dann mal in Ruhe lassen. Ich werde in ein paar Tagen noch einmal bei ihnen vorbeischauen, um ihre Aussage aufzunehmen." Der Kommissar stand auf, stellte den Stuhl wieder auf seinen Platz und reichte ihm die Hand zum Abschied. „Machen Sie es gut und auf Wiedersehen, Herr Richter."

„Auf Wiedersehen, Herr Wenke." Der Kommissar drehte sich zur Tür und ging hinaus. Erschöpft schloss Stefan die Augen und ließ sich ins Kissen sinken. Er wollte jetzt nur noch schlafen und diesen ganzen Alptraum vergessen. Und morgen, morgen würde ein neuer Tag anfangen.

Christian Schoch ■

Wie heißt es so schön, „aller guten Dinge sind drei". So auch bei Christian Schoch, 38-jähriger Ehemann und Vater aus Ettlingen, der es nun beim dritten Mal schaffte, im Sammelband der Röser Presse zu erscheinen. Neben seiner Leidenschaft, dem Geschichten schreiben, unternimmt er in seiner Freizeit viel gemeinsam mit der Familie und liest außerdem leidenschaftlich gerne Thriller.

Sebastian Schrempp,
Oberbürgermeister Rheinstetten

„Schichtarbeit im Akkord in einer Fabrikhalle. Der ganz normale Alltag. Zwischen den Rentnern, Studenten und Aushilfskräften befindet sich auch Kyra und fügt sich der monotonen Arbeit und Umgebung. So beklemmend real der Alltag zu Beginn der Geschichte wiedergegeben wird, so überraschend ist deren Ende."

■ Kyra
von Gaby Heck

Mit schnellen Schritten eilte Kyra die unter ihren Schuhen dumpf klappernde Stahltreppe hinunter in die Lagerhalle. Tief sogen ihre Lungen dabei die Gerüche in sich auf. Der schale Geruch nach altem Papier, die gesammelten Ausdünstungen der Arbeiter und Arbeiterinnen, die den ganzen Tag in dieser Halle vor sich hin geschuftet und geschwitzt hatten. Ah, welche Labsal.

Ein Pulk Leute jeglichen Alters und jeglicher Rasse stand wartend auf dem breiten Gang. So wie an Kyras Brust war auch bei einigen Anderen ein baumelndes Schildchen befestigt, auf dem ‚PROBETAG' stand. Aha, war sie selbst also nicht die Einzige, die heute ihren ersten Arbeitstag bei der Firma „pack & more – Die Karlsruher Packspezialisten" absolvieren würde. Insgeheim wunderte sie sich, dass so viele die Nachtschicht von 18 bis 23 Uhr als ersten Arbeitseinsatz gewählt hatten. Sie grüßte in die Runde und wurde mit Nicken und gemurmeltem „n' Abend" willkommen geheißen.

Es ging los. Ein Trupp junger Männer und Frauen kam aus dem verglasten Verschlag heraus und musterte die Anwesenden. An ihren uniformmäßigen, hellgrauen T-Shirts, die auf Vorder- und Rückseite mit dem Firmenlogo bedruckt waren, sowie den dunkelgrauen Hosen, erkannte man die sogenannten Linienführer. Jeder deutete auf ein paar Leute und winkte diesen, ihm zu folgen. Vor einem Packtisch blieben sie stehen. Ohne sich namentlich vorzustellen, begann die Linienführerin mit harscher Stimme, Anweisungen zu geben und diese vorzuführen.

„Jeder holt sich von der hinter ihm befindlichen Palette einen Karton. Aufreißen. Ware herausholen. Packung vorsichtig öffnen. Ja nicht einreißen! Lasche umbiegen. Jetzt aus diesem Karton neue Schuber holen und mit Sicht nach vorne darüberstülpen. Retour in die Kartons und aufs Rollband stellen. Hat's jeder kapiert?"

Ein strenger Blick in die Runde, gefolgt von kollektivem Nicken der Angesprochenen mit mehr oder weniger Überzeugung.

„Also los. Bis zur Pause muss jeder seine Palette leer haben. Bis Schichtende sind's zwei."

Entsetzte Blicke bei den beiden Neulingen. Gar keine Blicke bei den anderen sechs Leuten. Das blasse junge Mädchen neben Kyra, durch ihr Schild ebenfalls als Erstling ausgewiesen, seufzte.

„Himmel, ob wir das schaffen?"

Kyra zuckte die Achseln und strich sich mit der Hand die glatten, schwarzen Haare hinter das rechte Ohr.

„Egal. Wir sind heute das erste Mal dabei, da können sie keine Wunder erwarten. Ich bin übrigens Kyra, und wie heißt du?"

„Mein Name ist Linda. Ich studiere im ersten Semester hier am KIT und brauche dringend einen Nebenverdienst. Da sind mir diese Nachtschichten, die man bei denen machen kann, gerade recht. Wie ist es bei dir?"

Lindas blassgraue Augen schauten geradewegs in die tiefschwarzen ihres Gegenübers.

„Ach, ich bin vor zwei Wochen aus dem Norden hergezogen. Ich muss mich erst mal orientieren. Und zur Überbrückung ist der Job ganz gut. Hoffe ich zumindest. Außerdem schlafe ich gern lange. Ich bin eher der Nachtmensch."

Das Gespräch der beiden wurde rüde von der walkürenhaften Linienführerin unterbrochen.

„Das ist falsch, was du da machst. Die Kartons müssen paarweise mit dem Gesicht nach vorn in drei Reihen in die Kartons geschoben werden."

Kyra hob spöttisch die schmale rechte Braue. Was sollte denn das für einen Sinn haben? Die kleinen Kartons waren absolut quadratisch. Aber um sich nicht gleich als Querulant zu outen, beschloss sie, jegliche Äußerung zu unterlassen.

Keiner am Tisch sprach, alle arbeiteten so schnell sie konnten vor sich hin. Unter gesenkten Wimpern hindurch beobachtete Kyra die Leute um sie herum:

Die beiden älteren, wohlbeleibten Damen gegenüber, die zwischenzeitlich beide aufgerissene Finger durch die scharfkantigen Kartons hatten. Daneben zwei Frauen undefinierbaren Alters, von Kopf bis Fuß schwarz verhüllt. Auf ihrer Seite, neben Linda standen ein schlanker, dunkelhäutiger Afrikaner und am Ende der Reihe ein älterer Mann, der ab und an einige kumpelhafte Worte mit der Linienführerin wechselte. Dank seiner Äußerungen wusste Kyra nun den Namen: Sybille.

Genau wie diese meckerte der Alte den Mann an seiner Seite und die Kopftuchträgerinnen immer mal wieder an. Amüsiert vermerkte Kyra, dass der miesepetrige Alte von allen mehr oder minder ignoriert wurde.

„Ihr seid zu langsam. Ihr müsst mal nen Zahn zulegen. Olaf, du kannst jetzt anfangen, die fertigen Kartons zuzumachen. Seine Palette müsst ihr anderen auch noch bis zur Pause fertigbekommen."

„Zicke!" Das Wort kam nur als leises Zischen über Kyras Lippen und landete glücklicherweise nicht in Sybilles Ohr.

Mit den ihr eigenen flinken Fingern, stellte die Arbeit für Kyra kein Problem dar. Von allen unbemerkt, bediente sie sich auch von Lindas Stapel, damit diese nicht hinterherhinkte. Immer wieder inhalierte sie genüsslich den zwischenzeitlich leicht metallisch riechenden Hallenmief ein. Da sich die kleineren Blessuren häuften, lag ein diffuser Blutgeruch in der Luft, den aber außer Kyra niemand wahrzunehmen schien…

Endlich nahte das Schichtende. Nur noch eine gute halbe Stunde, signalisierte die große Bahnhofsuhr. Linda hatte keine Schuber mehr und der letzte Karton befand sich über ihr im Regal.

Nur, ihre Arme reichten nicht soweit hoch und keiner hat einen Blick für ihre Not. Also wandte sie sich an den gerade untätig neben ihr stehenden, großgewachsenen Olaf.

„Könntest du mir bitte behilflich sein? Ich komme nicht an den Karton ran." Aber der nach wie vor missmutige Rentner Olaf, der zu seinem Leidwesen gezwungen war, Geld dazuzuverdienen, hatte dazu mal überhaupt keine Lust. Ergo blaffte er Linda an, dass dies nicht seine Aufgabe sei und sie selber schauen müsse, wie sie ihr Pensum bewältige.

Ohne ihn eines weiteren Blickes oder Wortes zu würdigen, drehte sich Linda um und kletterte auf einen Palettenstapel. Als sie mit den Händen gerade zum Karton greifen wollte, klappte der Palettenstapel durch die Gewichtsverlagerung hinten hoch und Linda verlor den Halt. Mit den Armen rudernd versuchte sie sich festzuhalten, erreichte aber damit nur, dass sie mit dem Kopf gegen das Metallregal knallte. Leicht benommen fand sie sich auf dem Boden sitzend wieder und presste die Hand gegen die schmerzende Schläfe.

„Meine Güte, wie kann man nur so dämlich sein! Zeig her!" Sybille packte Linda und stellte sie mit kräftigem Ruck auf die Beine. Ein dünner Blutfaden lief von Lindas Schläfe bis ans Kinn hinab.

Bevor jemand etwas sagen konnte, erwiderte Kyra mit heiserer Stimme. „Ich bin ausgebildete Krankenschwester und habe Verbandszeug dabei. Wenn du möchtest, kümmere ich mich darum und verarzte sie."

„Gut. Geh mit ihr in den Aufenthaltsraum und beeile dich mit dem Wiederkommen. Die Paletten müssen leer werden bis zum Schichtende."

Im verlassenen Aufenthaltsraum strich Kyra mit sanften Fingern Lindas Haare nach hinten.

„Halb so wild. Nur ein kleiner Riss. Ich kleb' dir ein Klammerpflaster drauf, das reicht. Nur mit dem Haare waschen wird's die nächsten Tage nix."

Ein feuchtes, antiseptisches Tuch strich über die Wunde, wischte über die Blutspur hinter die Ohren und verharrte kurz in der Kuhle zwischen dem Schädelknochen und dem Unterkiefer. Lindas erschlaffter Kopf wurde auf den Tisch gebettet. Keine zwei Minuten später zierte ein Pflaster die Schläfe und Linda richtete sich mit flimmerndem Blick auf. Sie fühlte sich ganz zittrig und benommen. Ihr Kopf fühlte sich wie ein riesiger Wattebausch an und sie spürte, wie ihr Blut durch die Adern jagte.

Mühsam fokussierten ihre Augen, bis sie fragend in Kyras schwarze Pupillen starrte.

Kyras Stimme schnurrte sanft und beruhigend.

„Bleib einfach hier sitzen Linda, und ruh dich aus. In zwanzig Minuten ist eh Feierabend, dann bringe ich dich heim."

„Wirklich? Das wär' echt nett von dir!"

„Keine Ursache, mach' ich gern."

Keiner am Packtisch hatte einen Blick für Kyra übrig, als sie zurückkam…

Der nächste Abend, die nächste Schicht…

Zu ihrem Verdruss arbeitete Kyra erneut in Sybilles Schicht. Linda war heute Abend nicht erschienen. Wahrscheinlich fühlte sie sich noch nicht so fit.

Die unglaublich geschickte Kyra bewältigte ihre Aufgaben in rasanter Geschwindigkeit, half dem Team wo sie nur konnte. Aber immer wieder mäkelte Sybille herum, dass sie alle zu langsam seien. Und Olaf gab auch heute wieder den wichtigtuerischen Meckerfatzke.

„Na, wartet", dachte Kyra und bedachte die beiden mit bösem Blick.

Nach Schichtschluss lehnte Kyra rauchend vor der Tür am Geländer. Sie spielte scheinbar selbstvergessen mit ihrer Packung Ziaretten und dem golden funkelnden Feuerzeug. Bei ihrem Anblick stoppte Olaf beim Hinausgehen.

„Haste mal ne Fluppe?"

„Gerne."

Kyra schnurrte beinahe und ließ ihr Feuerzeug aufschnappen. Mit kurzem Nicken wandte Olaf sich von ihr ab und marschierte zum Auto. Das stand ganz hinten, in einer dunklen Ecke. Kyra warf einen kurzen Blick in die Runde.

Alle anderen Arbeiter waren bereits weg und die letzten paar Schichtführer noch im Gebäude. Blitzschnell war Kyra bei Olafs Auto. Gerade als der den Zündschlüssel drehen wollte, riss Kyra die Beifahrertür auf. Bevor der erstaunte Rentner reagieren konnte, beugte sie sich mit diabolischem Grinsen zu ihm hinüber. Ein rascher Griff à la Spock und Olaf sank bewusstlos zur Seite.

Kyras dunkle Haare fielen auf das Altmännergesicht und genussvoll spürte sie dem unter ihren Fingerspitzen rasenden Herz nach, bis es plötzlich stehen blieb.

Ungerührt bugsierte sie den leblosen Körper wie eine Flickenpuppe hinter die Vordersitze auf den Boden. Sie zog die kackbraune Decke vom Rücksitz und verdeckte somit den Leichnam.

Geschmeidig glitt ihr Körper hinters Lenkrad und ihre Augen beobachteten das weitere Geschehen und den sich leerenden Parkplatz. Einer nach dem Anderen verließen die Linienführer das Gebäude. Sybille war, wie von Kyra erhofft, die Letzte. Als eine der Wenigen besaß sie einen Generalschlüssel und verriegelte sorgsam die Tür hinter sich.

Mit eiligen Schritten lief Sybille in Richtung Straßenbahnhaltestelle. Das war Kyras Chance. Behutsam startete sie den alten Opel und näherte sich Sybille.

Als sie sich auf gleicher Höhe befand, hielt sie an und öffnete das Seitenfenster.

„Hallo, Sybille! Wohin musst du? Soll ich dich mitnehmen?"

„Oh, ich wohne in der Heidenstücker-Siedlung. Ich weiß nicht, ob das auf deinem Weg liegt?"

Kyra befragte kurz ihr fotografisches Gedächtnis bezüglich des Stadtplans.

„Super, Sybille. Das ist genau auf meinem Weg. Ich wohne in Bulach, da kannst du gern mitfahren."

Das kam Sybille gerade recht, denn mit der Straba-Verbindung war's um diese Zeit nicht gerade toll und sie müsste umsteigen und auf die nächste Linie warten und dazu hatte sie mal gar keine Lust. Nur leider mit dem mickrigen Lohn hier, da konnte sie sich kein Auto leisten und eine bessere Wohnung schon gar nicht.

Mit einem erleichterten Seufzen ließ sie sich auf den Beifahrersitz sinken.

Mit leisem Schnurren fuhr das Fenster hoch und ein kaum hörbares Klicken verriet die Zentralverriegelung.

Kyra drückte das Gaspedal bis aufs Bodenblech durch und raste davon… aber in Richtung Hafen…

Vor lauter Vorfreude biss sie sich auf die Lippen…

Gleichzeitig fragte die entsetzte Sybille, wo um Himmels Willen sie denn hinfahre.

Lächelnd, sanft wie ein dunkler Engel, schaute Kyra sie mit ihren glänzenden, schwarzen Augen an. Weiß leuchteten ihre Zähne im schimmernden Mondlicht zwischen den vollen roten Lippen hervor.

An ihrem spitzen Eckzahn hing ein winziger Tropfen Blut…

■ Gaby Heck

Zum Schreiben fand Gaby Heck beim allerersten Aufruf von „Boulevard Baden" 2007. Dort veröffentlichte sie in zwei Anthologien Kurzgeschichten. Ebenso in einer weiteren On-line-Ausgabe.

Bei der ersten Candela-Ausschreibung für die Anthologie „Cruor" hat sie ebenfalls erfolgreich eine Geschichte einge-reicht und gewann den zweiten Platz beim Literaturpreis in der Kategorie Datenmissbrauch.

Ein fertig gestellter Regionalkrimi wartet noch auf seine Ver-öffentlichung.

Zudem ist sie ehrenamtliche Mitarbeiterin der Katholischen öffentlichen Bücherei in ihrem Heimatort.

Alexandra Ries,
Ortsvorsteherin Durlach

„Zur falschen Zeit, am falschen Ort. Ein sorgloser junger Mann, gerade frisch verliebt, wird durch einen Anruf von seiner Vergangenheit eingeholt. Wirft ihn eine Jugendsünde aus der Bahn?"

Rein gar nichts ◼
von Peter Müller

Ich befand mich gerade auf dem Weg zu meiner Freundin. Wir kannten uns erst seit ein paar Wochen. Wir würden nicht lange fackeln und in der Kiste landen. Die Bilder von unserer letzten Begegnung waren so lebendig, dass ich nichts um mich herum wahrnahm. Erst als mein Handy klingelte, bemerkte ich, dass ich mich schon auf dem Kronenplatz befand. Das Display verriet mir, wer dran war. Ich überlegte, ob ich den Anruf einfach ignorieren sollte, aber meine Mutter würde mir das tagelang verübeln. Und sie konnte unglaublich nerven. Also drückte ich auf Empfang und sofort fiel sie über mich her. „Dein Leben ist vorbei", schrie sie mir ins Ohr, „du hast dir alles versaut. Was bist du nur für ein blöder Idiot." Ich begriff nichts, glaubte an einen schlechten Scherz, aber meiner Mutter war es bitter ernst. „Ein Verbrecher bist du." Ihre Stimme überschlug sich fast. „Polizisten hast du angegriffen und verprügelt." Das war zuviel und ich schnauzte sie an: „Was soll das?" „Hier steht es", sagte sie, und jetzt hörte ich, dass sie zu weinen begonnen hatte. „In dem Strafbefehl, der heute im Briefkasten lag." Das saß wie ein Tiefschlag. Ohne Vorwarnung legte meine Mutter auf und ich stand da wie ein begossener Pudel. Zugleich kochte es in mir. Wieso hatte sie meine Post aufgerissen. Am liebsten hätte ich ihr ordentlich meine Meinung gesagt. Auf der Stelle. Am Telefon. Aber dafür fehlte mir der Mumm. Mein Gott, dachte ich, ein Strafbefehl. Das gibt's doch nicht. Ich hatte die Geschichte vergessen. Oder verdrängt. Dass noch etwas nachkommen würde nach zwei Jahren, damit hatte ich nicht gerechnet. Ich wusste nicht einmal mehr genau, was passiert war. Ich hatte an einer Fete teilgenommen. Als ich mich mit einem Freund dort hin aufmachte, freute ich mich auf einen gemütlichen Nachmittag. Auf einem Flugblatt hatten sie eingeladen. Straßenfest mit Freibier und Musik, hatte es geheißen. Auch dass es um das Autonomen-Zentrum hinter dem Bahnhof ging. Seinen Erhalt und Solidarität mit dem besetzten Haus, das von der Räumung bedroht war. Ich kannte die Bewohner fast alle. Die feierten gerne. Und wenn es etwas zu feiern gibt, bin ich dabei. In der Kellerbar des Zentrums ging es immer lustig zu. Was sonst noch auf dem Flugblatt stand, hatte ich nur überflogen. Das meiste kannte ich sowieso schon. Diesen Mix aus Politpropaganda und Hassparolen.

Die Aktion lief in der Südstadt. Nicht vor dem Zentrum selbst. Das war mir recht. Es wäre gefährlich geworden, dorthin zu gehen. Die Bewohner des Zentrums hatten schließlich keinen Mietvertrag mehr laufen. Als wir ankamen, standen Bierbänke auf der Straße und zwei oder drei Kästen Bier. Das Bier haben sie verschenkt. Meinetwegen, habe ich mir gedacht, ich nehme mir eins und habe mit den anderen angestoßen. Dass aus einem Haus in der Straße im zweiten oder dritten Stock Füße aus einem Fenster heraus baumelten, bemerkte ich erst nach einer Weile. Und eine Fahne wurde heraus gehalten. Eigentlich war es nur ein schwarzer Lappen. Ein großes schwarzes Tuch. Damals wusste ich noch nicht, dass es die schwarze Hausbesetzerfahne war, auch wenn es mir die Polizei hinterher nicht glaubte. Jemandem machte es großen Spaß, die Fahne zu schwenken. Wie ein wildgewordener Fußballfan im Stadion, dachte ich, wandte mich ab und unterhielt mich weiter mit meinem Freund. Über alles Mögliche. Aber ein paar Gedanken habe ich mir doch gemacht. Ich fragte mich, ob wir nicht jemanden störten. Weil, es dauerte nicht lange und die Polizei rückte an. An beiden Straßenenden bauten sich Polizeieinheiten auf. Und plötzlich hielt einer, der neben mir saß, ein Megafon in der Hand. Er war mir von Anfang an aufgefallen. Hatte die perfekte Frisur. Irokesenkamm, signalrot gefärbt und zu fünf etwa 40 Zentimeter hohen Spitzen geformt. Er fing an, Sachen zu erzählen. Seine politischen Ziele und so. Und ohne Überleitung begann er, die Polizei zu beschimpfen. Bullen verpisst euch, schrie er und ich verstand nicht, warum er das machte. Ich fand es eigentlich ganz in Ordnung, dass die da waren. Wir veranstalteten ein Straßenfest und die sollten für Sicherheit sorgen. Weiter habe ich mir keine Gedanken gemacht, weil ich gar nicht wusste, dass die Aktion nicht angemeldet war. Auf dem Flyer hatte davon jedenfalls nichts gestanden. So habe ich das später auch zu Protokoll gegeben. Der Kripobeamte wollte mir nicht glauben. „Ist doch klar", sagte er, „dass die das nicht draufgeschrieben haben: Kommt zur illegalen Demo. Aber ihr habt alle gewusst, worum es ging." Dass das Haus, aus dem sie die Fahne schwenkten, ebenfalls besetzt war, wusste ich wirklich nicht. Für mich war das eine friedliche Angelegenheit. Ich habe in der Straße ein paar Bier getrunken und sonst nichts. Aber die Leute um mich herum haben bald angefangen zu rufen. Die üblichen Sprüche halt. Und die wurden immer härter. Dann sah ich, dass die Polizei sich bewaffnete. Der mit dem Megafon kommentierte alles: sie ziehen sich die Helme an, ihre Handschuhe und jetzt nehmen sie die Schlagstöcke. Auch da machte ich mir noch keine Sorgen. Aber auf einmal waren fast alle um mich herum vermummt und stürmten los. Ich hatte keine Ahnung, was die vorhatten. Ich begriff erst gar nicht, dass sie die Polizeisperre am anderen Ende der Straße durchbrechen wollten. Aus der Straße rauskommen und flüchten, weil es ernst wurde und die Polizei gleich durchgreifen würde. Ich sah nur, dass die Polizei von beiden Straßenenden her auf uns zulief. Ich zögerte noch einen Moment, sprang dann aber auch von meinem Platz auf und befand mich plötzlich mitten in einem Pulk. Der Polizeizug hinter uns kam langsam näher. Als alle losrannten, rannte ich mit. Auf die Sperre vorne zu, an der es schon hoch her ging. Ich hatte Angst vor körperlicher Gewalt und wollte auf gar keinen Fall einen auf die Rübe bekommen. Aber vorne hatten sie angefangen, die Polizisten mit Fußtritten und Faustschlägen zu malträtieren. Ich begriff, wo's langging. Eine völlig verkappte Hassaktion. Immer mehr Flaschen flogen und Bierkästen und alles, was sie in die Finger bekamen. Irgendwer hatte Feuerwerkskörper dabei. Zwischen den Beinen der Leute krachte es wie an Silvester. Das heizte die Menge noch mehr an. Dann ging es richtig ab. Und die Polizei begann zurück zu schlagen. An der Sperre vorne prasselten die Schlagstöcke auf die

Demonstranten nieder. Neben mir fuchtelte einer mit einer Schreckschusspistole herum. Der spinnt wohl, dachte ich mir, und wollte ihm Bescheid sagen. Aber der mit dem Megafon rief: „Einhaken" und wir setzten uns auf die Straße. Die meisten jedenfalls, aber einige wollten unbedingt weiter machen und schrieen uns an. „Aufstehen, ihr Deppen, zurückschlagen." Es wurde immer hektischer und alles ging wahnsinnig schnell. Ich bekam Schiss, wollte nicht zu der Gruppe gehören, die da ganz vorne Krawall machte, und nicht zu denen, die sich hin gesetzt hatten und so auf Solidarität machten. Es würde nicht lange dauern und die Polizisten würden alle packen und wegtragen. Also stand ich auf und ging zu den Beamten, die von hinten zu uns aufgerückt waren. „Kann ich bitte gehen?" fragte ich einen. Ich streckte ihm meinen Personalausweis unter die Nase und sagte: „Schreiben Sie sich bitte die Uhrzeit auf, weil ich mit denen überhaupt nix zu tun habe, und darf ich jetzt bitte gehen, ich möchte da nicht verwickelt werden in etwas, was ich gar nicht tue." Der aber ignorierte mich völlig. „Ich bin ein friedlicher Bürger", rief ich, „und Sie blockieren hier die Straße." Das war vielleicht ein bisschen zuviel. Zwei andere Polizisten kamen auf mich zugelaufen. Mit ihrem Plastebeinschutz erinnerten sie mich an Roboter. „Geben Sie das her", sagte einer, und ich bemerkte, dass ich noch immer eine Bierflasche in der Hand hielt. „Nee, warum denn", sagte ich. Ich war völlig festgefahren in meiner Rolle als Unschuldiger und hielt die Flasche fest. „Geben Sie die Flasche jetzt her", sagte der Polizist, „die könnte als Wurfgeschoss dienen." „Natürlich", antwortete ich, „wenn Sie mir ein Argument liefern, dann gebe ich die Ihnen." Ein bisschen Spaß muss sein, schoss es mir durch den Kopf. Und es war noch nicht Schluss. Der Lärm auf der Straße. Die Hektik. Das Bier. Das alles hatte mich aufgeputscht. Ich konnte den Mund nicht halten. Ein Wort gab das andere. Bis ein Beamter schrie „Jetzt reicht's aber", mich zwei seiner Kollegen packten und zum Polizeiwagen zerrten, mit dem Arm hinterm Rücken, im Polizeigriff. Sie fesselten mich mit Kabelbindern, weil die Handschellen ausgegangen waren, und machten mir die Tür auf.

Als ich im Wagen saß und die Tür sich hinter mir schloss, bekam ich wahnsinnige Angst. Das ganze Adrenalin, das ich mir in der Gruppe verschafft hatte, war schlagartig aufgebraucht und ich fühlte mich elend und von der Außenwelt abgeschlossen. Mir fielen meine Eltern ein. Und meine Arbeit. Die würden das jetzt mitkriegen, weil die Bullen mich verhaftet hatten. Zum ersten Mal in meinem Leben. Meinem Ausbilder war ich sowieso schon aufgefallen. Zu oft war ich nicht ausgeschlafen, wenn ich zur Arbeit ging. Die Bar im Zentrum hatte bis in die Puppen geöffnet. Und auch in der Berufsschule war ich leistungsmäßig völlig im Keller. Die fragten mich sogar ein paar Mal, ob ich ein Drogenproblem hätte, weil ich im Unterricht regelmäßig eingeschlafen war. „Schauen Sie, dass Sie das in den Griff kriegen", hatte mein Ausbilder gesagt. „Wir würden Sie ja gerne behalten. Aber wenn das nicht aufhört, können wir für nichts garantieren." Und jetzt saß ich in diesem Polizeiwagen. Der Typ neben mir grinste mich an und einer rief: „Was ist grün und riecht nach Fisch?" „Werder Bremen" grölten alle wie aus einer Kehle und schüttelten sich aus vor Lachen. Mein Nachbar hatte mich nicht aus den Augen gelassen. „Mensch", sagte er, „mach dir nicht ins Hemd. Kriminell ist das System, nicht der Widerstand." „Ja, ja, schon gut", antwortete ich. „Lass ihn in Ruhe", meinte ein anderer. „Beim ersten Mal geht's fast allen so."

Auf dem Polizeirevier holten sie uns einzeln aus dem Wagen raus und behandelten uns erkennungsdienstlich. Personalien, Fingerabdrücke, Fotos, das ganze Programm. Ein Polizist fragte mich, ob ich eine Aussage machen wollte. Aber es gab das Manifest. Keine Kooperation mit der Polizei. „Es wäre besser für Sie, wenn Sie reden würden", meinte der Beamte in freundlichem Ton. Aber ich schwieg. „Sie schneiden sich ins eigene Fleisch", versuchte er es erneut. „Wir haben einen Benzinkanister beschlagnahmt, Radmuttern und einen Schlagring. Sie wissen, was das bedeutet." Das mit dem Kanister hielt ich für ein Märchen, behielt es aber für mich. „Fünf Beamte wurden verletzt." Ich dachte an das Gerangel mit dem Polizisten wegen der Bierflasche und überlegte, was ich tun sollte. Mein Gegenüber ließ mir Zeit. Mir fiel ein, dass in der Wilhelmstraße, kurz bevor der Rabatz losging, zwei Demonstranten, die ich schon länger kannte, plötzlich weggegangen waren. Hatten gesagt, dass sie noch zu einer anderen

Veranstaltung wollten. Ich dachte jetzt, dass das wohl eine Ausrede war. Sie hatten sich verzogen, weil's langsam eng wurde. Und ich dachte: Ist nicht das erste Mal, dass die einen agitieren und dann hängen lassen, wenn es ernst wird. Aber ich schwieg weiter. „Kooperieren Sie, auch wenn es gegen den Kodex verstößt", begann der Beamte wieder. Er kannte sich also aus. „Wir wissen, dass die heutige Aktion genauestens geplant war", fuhr er fort. Vermutlich, dachte ich, aber ich hatte es nicht gewusst. „Sie stecken tief mit drin", fuhr er fort. „Ich bin da hinein geschliddert", widersprach ich. „Ich habe von nichts gewusst." „Die Polizei hat die Demonstranten mehrmals aufgefordert, die Straße zu räumen", sagte er. „Und sie sind dageblieben." „Die Durchsagen habe ich nicht gehört", erwiderte ich. „Das glauben Sie doch selbst nicht", sagte er und ich spürte, dass er zornig wurde. „Die Durchsage kam drei Mal und Sie wollen nichts gehört haben?" Ich zuckte mit den Schultern. Vielleicht war alles in dem Lärm um mich herum untergegangen. Er wartete einen Augenblick, dann fuhr er fort: „Reden Sie. Das wäre besser für Sie." Ich schwieg. „Wir wissen", sagte er, „dass Sie nicht zum harten Kern gehören. Sie holen sich aber gern einen Kick bei Gewaltaktionen." Das war eine plumpe Provokation. Er wollte mich aus der Reserve locken. Ich würde nicht darauf hereinfallen. Sicher, ich mischte schon mal ganz gerne mit, wenn es darum ging, ein bisschen Rabatz zu machen. Aber zu den Gewaltfanatikern zählte ich ganz bestimmt nicht. Und an diesem Tag war ich in diese Aktion hinein geschliddert. Das würde ich wiederholen, sooft sie es hören wollten. „Wir kennen Sie", meinte er und mir schoss das Blut in den Kopf. Er öffnete eine Mappe, griff sich ein Foto und legte es vor mich hin. Er tippte mit dem Zeigefinger auf ein Gesicht: „Das sind Sie." Ich starrte auf das Foto und sah eine Gruppe von Leuten, die um einen brennenden Container vor irgendeiner Grillbude herumstanden. Es war nicht zu übersehen, dass die großen Spaß an dem Feuer hatten. Einige rissen jubelnd die Arme hoch und ich stand mittendrin, mit einem breiten Grinsen auf dem Gesicht. „Das ist noch nicht alles", sagte der Beamte und begann zu erzählen, was er noch alles über mich wusste. Und ich kam aus dem Staunen nicht mehr heraus. Die Demos, an denen ich teilgenommen hatte, meine Nächte im Zentrum, die Aktionen. „Wollen Sie jetzt eine Aussage machen?" Aber mir hatte es die Sprache verschlagen. Selbst wenn ich gewollt hätte, wäre mir kein Wort über die Lippen gekommen. Und er wurde plötzlich stinksauer, weil ich weiter schwieg. „Sofort in die Zelle", schrie er, „Schuhe ausziehen und ab in die Zelle."

Es war ziemlich eng. Sie hatten 13 Kerle in eine Zweimann-Zelle gesperrt und ließen uns ein bisschen schmoren. Mindestens drei oder vier Stunden. Wir langweilten uns und suchten nach einem Zeitvertreib. Aber eine zündende Idee hatte keiner. Außer ein paar schalen Witzen war nichts. Die Zeit wollte nicht vergehen, so schien mir. Es kam erst wieder Leben in die Bude, als ein Rotschopf einen Freudenschrei ausstieß. „He, Leute, seht mal, was ich gefunden habe", rief er und zeigte auf eine Klingel direkt neben der Zellentür. Ich begriff nicht, was daran so Besonderes sein sollte. „Drück doch mal", meinte ein Typ, der direkt hinter mir stand und mich schon länger mit seinem penetranten Schweißgeruch nervte. Zunächst geschah überhaupt nichts. Aber plötzlich wurde die Klappe in der Tür aufgerissen und eine unfreundliche Stimme erkundigte sich, was wir wollten. „Wir haben Durst", rief jemand, „und Hunger." „Ja, wir haben Durst und Hunger", sagte der Typ hinter mir mit fester Stimme. Und als ob wir uns abgesprochen hätten, begannen wir zu skandieren: „Hunger, Hunger, Pizza, Pizza." „Ihr habt sie wohl nicht alle", rief die Stimme und im gleichen Augenblick wurde die Klappe wieder zugeschlagen. Aber der kleine Zwischenfall hatte gereicht, um die Stimmung zu heben. Wir kicherten eine Weile und versuchten die gute Laune mit ein paar Witzen aufrecht zu erhalten. Leider waren die Witze miserabel. Keiner konnte einen richtigen Witz erzählen und bald schon schlug die Stimmung wieder um. Spaßfaktor gleich null. Wieder trat die Zeit auf der Stelle. Erst als plötzlich die Zellentür aufging und ein Polizist den Kopf rein steckte, wurde es wieder ein bisschen besser. „Ist hier der Brunner?" fragte er. „Ist hier der Herr Brunner?" Die wussten offensichtlich nicht mehr, wo sie den hin gesteckt hatten. „Nee", sagte einer von uns, „kein Herr Brunner", und die Tür ging wieder zu. Wir malten uns aus, dass der Brunner jetzt vielleicht auf dem Flur hockte, ganz gemütlich in einem Sessel, und die liefen die ganze Zeit an dem vorbei und fanden ihn nicht. Typisch Polizei halt. Plötzlich hatten wir wieder was zu lachen. Die Polizei als blöd darstellen, das machte Spaß.

Ich weiß nicht mehr, wie viel Zeit vergangen war, als sie mich endlich aus der Zelle heraus holten. Danach ging alles ganz schnell. Sie gaben mir meine Sachen zurück und dann stand ich draußen auf der Straße, nachts um zwei. Es war kalt geworden und weit und breit war keine Menschenseele zu sehen. Ich befand mich noch immer auf dem Kronenplatz. Meine Freundin wartete sicher schon auf mich. Ich überlegte, ob ich sie anrufen und um Rat fragen sollte. Aber ich ließ es sein. Ich wollte gerade mein Handy einstecken, als es wieder klingelte. Mein Vater war dran. „Du Idiot", blaffte er, „weißt du eigentlich, was du blechen musst für deine Scheiße? 6 000 Euro. Damit bist du vorbestraft." Und jetzt erst begriff ich. Alles stimmte. Die Häuser um mich herum und die Menschen begannen zu verschwimmen. „Keinen Pfennig bekommst du von uns, keinen einzigen Pfennig", schrie er. Ich rang um meine Fassung und als ich endlich zu einer Antwort ansetzen wollte, bemerkte ich, dass mein Vater aufgelegt hatte. Und ich stand da. Regungslos mitten auf dem großen Platz. Kämpfte gegen die in mir aufsteigende Übelkeit an. Die Häuser wurden wieder ein bisschen schärfer. Ich schaute mich um. Vielleicht entdeckte ich jemanden, den ich kannte. Auf diesem Platz traf ich öfters Freunde und Bekannte. Aber egal, in welcher Richtung mein Blick suchte: Fehlanzeige. Stattdessen fiel mir auf, dass die Leute, die an mir vorbei wollten, einen großen Bogen um mich herum machten. Als wüssten sie über alles Bescheid und wollten mir zeigen, was sie davon hielten. Nichts. Rein gar nichts.

■ Peter Müller

Der 1951 in Ludwigshafen geborene Peter Müller veröffentlichte bereits literarische Texte unter anderem in Zusammenarbeit mit Künstlern und in zahlreichen Anthologien. 2008 erschien das Buch „barbarenstimmen. Gedichte von Peter Müller und Bilder von Rainer Braxmaier". 2011 nahm er erfolgreich am Schreibwettbewerb von „Boulevard Baden" zum aktuellen Sammelband teil.

Johannes Arnold,
Oberbürgermeister der Stadt Ettlingen

„Ein Mathematikprofessor lässt sich von seiner größten Leidenschaft, seiner Faszination für Zahlen in ein neues Rätsel verwickeln, ohne dabei zu wissen, dass es sein letztes großes Abenteuer sein wird. Was nämlich an einem grauen Herbstnachmittag mit der für einen Mann oftmals lästigen Aufgabe, sich einen neuen Anzug zu kaufen beginnt, endet noch am gleichen Tag tödlich.

Der Autor erzählt auf unterhaltsame und zugleich spannenenden Art, wie durchschaubar und vorhersehbar menschliches Verhalten sein kann. In diesem Fall nimmt es allerdings ein überraschendes und keineswegs vorhersehbares Ende. Dadurch bleibt es spannend bis zum letzten Wort. Und die vertraute „Karlsruher" Kulisse vermittelt dem Leser dabei das Gefühl, selbst zu den Protagonisten der Geschichte zu gehören."

Das Abschiedsgeschenk ■
von Arno Weiss

Auch ein Professor der Mathematik muss sich hin und wieder in die banale Welt des privaten Textilerwerbs begeben und so fand er sich an einem vorlesungsfreien Tag in der Anzugsabteilung des Herrenausstatters Eckerle in der Karlsruher Kaiserstraße wieder. Gelangweilt schob er Anzug für Anzug auf der Messingstange von links nach rechts, unschlüssig ob er sich für steingrau, mausgrau oder kobaltgrau entscheiden sollte. Er mochte Einkaufen nicht wirklich, erst recht nicht, seit er ob seiner Vorliebe für die Badische Küche binnen weniger Jahre seine Konfektionsgröße auf 54 hochgeschraubt oder besser gesagt hochgekaut hatte. Ohne dass er es bemerkt hatte, stand urplötzlich ein Modeberater neben ihm, grinste ihn an und fragte, ob und wie er ihm vielleicht helfen könne.

Nein, man könne nicht, dachte er sich und sagte, er brauche keine Hilfe, eher einen Fitnesstrainer. Außerdem wäre ein Experte für Farbpsychologie von Nöten, um sich für das Grau zu entscheiden, was am wenigsten aufs Gemüt schlägt.

Der Modefachberater zog nicht nur verwirrt von dannen, sondern es auch vor, lieber einige Cashmere-Pullis zusammenzulegen und wieder in ihrem Regal zu platzieren. Der Mathematikmensch hingegen zog es vor, sich für das Grau des Alltags, anstatt für die grauen Anzüge zu entscheiden, und machte sich auf, das Geschäft wieder zu verlassen. Just in diesem Moment entdeckte er auf dem Boden unter den Anzügen einen kleinen Zettel. Er hob ihn auf, wollte ihn schon zerknüllen, als seine Liebe für Zahlen und Rätsel es ihm verbot, stand doch darauf: 12122011/1100/EPH Freundlich nickte er dem Verkäufer zu, verließ Eckerle an der Ecke und ging um dieselbe. Keine fünfzig Meter weiter hockte er sich in eine Kneipe und bestellte sich einen Pfefferminztee. Er zog den Zettel aus seiner Hemdentasche und augenblicklich begann sein Gehirn damit, die Zahlen auf Logik, mathematische Reihen und andere Kombinationspielchen hin zu untersuchen. Während er seine Studenten in der Karlsruher Universität mit Logarithmen, der Eulerschen Zahl und anderen mathematischen Schmankerln sowohl in deren Sitzen fesselte als auch den ein oder anderen zur Verzweiflung brachte, stellten diese Zahlen für ihn kein Problem dar. Schnell deutete er 12122011/1100 als den 12. Dezember 2011 (also heute!), 11.00 Uhr. Lediglich das EPH entzog sich der sofortigen Deutung. Für ihn aber logisch, waren es doch keine Zahlen. Ach, wie er das liebte! Stundenlang konnte er sich Knobeleien hingeben und egal wie lange er brauchte, am Ende stand immer die Lösung. Das brachte ihm nicht nur viel Spaß, sondern im Laufe der Zeit auch viel Geld ein. Nicht nur in der Universität war er ein sehr gefragter Mann, sondern auch in großen Wirtschaftsunternehmen half ihm seine außerordentliche Intelligenz hier ein Problem zu lösen, da einen neuen Weg aufzuzeigen. Das ließ ihn zu einem wohlhabenden Menschen werden. Oft schmunzelte er, wenn er darüber nachdachte, dass sich sein Konto proportional zu seinem Gewicht verhielt. Reziprok wäre besser, schlussfolgerte er gerne, schaffte es aber bis dato nicht.

Na, logisch, schoss es ihm durch den Kopf, gerade dabei, sich noch einen Tee zu ordern, als er ein Plakat betrachtete, das für einen Auftritt einer Musikband warb: Datum, Uhrzeit, Ort! 12. Dezember, 11.00 Uhr, EPH. Er versuchte den drei Buchstaben ihr Geheimnis zu entlocken, aber so einfach gestaltete sich das leider nicht. In seinem Kopf formten sich wilde Gebilde, schnell wieder verworfen, schnell wieder umgeformt, aber passen wollte nichts. Erschwert wurde der Findungsprozess durch einen biologischen – die beiden Pfefferminztees hatten mittlerweile seine Nieren passiert und sammelten sich in seiner Blase zum kollektiven Wasserlassenwollen. Gerade wollte er die Herrentoilette betreten, als ihm ein Plan der Karlsruher Innenstadt ins Auge sprang. Mit frisch gewaschenen Händen wedelte er vor dem Stadtplan hin und her, um die Trocknung derselben voranzutreiben. Schnell huschten seine Augen über das Straßenverzeichnis und seine Fähigkeit in Sekundenbruchteilen Zusammenhänge zu erkennen oder herzustellen und auszuwerten, ließen ihn finden, wonach er gesucht hatte ohne es zu wissen: EPH – Erbprinzenhof!

Blick auf die Uhr – 10.37 – zwei Pfefferminztees bezahlt, Jacke angezogen und raus in die frische Dezemberluft. Die Lammstraße zeigte sich an diesem herrlichen Dezembertag belebt. Es war kaum zu übersehen, dass das alljährliche Weihnachtsfest vor der Tür stand. Er überquerte die Kaiserstraße und nachdem er den Friedrichsplatz passiert hatte, bog er in die Erbprinzenstraße ein. Kerzengerade zielte diese auf das Hauptpostgebäude und ließ aufgrund der breiten Gehwege und weniger Passanten einen strammen Schritt zu. War auch nötig: 10.52.

Um 10.56 durchschritt er die Durchfahrt in den Erbprinzenhof. Hin und wieder parkte er seinen Wagen hier, wenn er sich im Café Ludwig mit seinem Freund Holger traf. Bei seinem ersten schnellen Rundumblick fiel ihm nichts Spannendes ins Auge. Neben einigen geparkten Fahrzeugen stellte er noch zwei Lieferwagen fest, die an die rückwärtigen Seiten der Gebäude auf der Kaiserstraße abgestellt wurden, um Waren anzuliefern. Als er jedoch begann, einmal um den Parkplatz herum zu laufen, bemerkte er zwei Männer, die im Schutze einer kleinen Parklücke in ein Gespräch vertieft schienen. Als sie ihn bemerkten, drehten sie sich leicht um, sodass ihm der Blick auf ihre Gesichter verwehrt war. Trotzdem konnte er sehen, wie ein kleines, handliches Päckchen übergeben wurde. Ein kurzes, beidseitiges Kopfnicken und die beiden trennten sich. Während der eine in ein geparktes Fahrzeug stieg, machte sich der mit dem Päckchen daran, zur Erbprinzenstraße zu gehen. Na, das scheint ja zu passen, dachte der Professor. Ist ja schließlich unwahrscheinlich, dass sich einer der beiden Lieferwagenfahrer auf einem kleinen Zettel den Anliefertermin notiert. Spontan entschloss er sich, dem Mann mit dem Paket zu folgen, was ihm nicht sonderlich schwer fiel, da dieser mit einem gemächlichen Bummelschritt in Richtung Kaiserstraße lief und bei jedem zweiten Schaufenster innehielt, um einen Blick hinein zu werfen. Offensichtlich war das Päckchen keine Terminzustellung, solange sich der Besitzer soviel Zeit ließ. Und während er so hinter dem Mann hertrollte, begann er nach einer Erklärung zu suchen, warum die Paketübergabe in einem Hinterhof stattfand, anstatt sich einfach zu treffen – „Hallo, da bist du ja. Schau mal, ich habe dir etwas mitgebracht!" Er war schlicht neugierig geworden. Aber was erwartete er? Sollte sich der Mann vor ihn hinstellen und vor seinen Augen das Paket aufmachen? Sicher nicht. Wahrscheinlich zieht er gleich seinen Haustürschlüssel aus der Manteltasche und verschwindet in einem Hausflur. Tat er aber nicht. Als er den Schlossplatz erreichte, setzte er sich auf eine der vielen Bänke und machte sich an dem Paket zu schaffen. Der Mathematiker tat so, als wäre sein Schnürsenkel aufgegangen, setzte sich ebenfalls auf eine Bank und begann an seinem Schuh herumzuwerkeln. Fünf Meter weiter hatte der Mann die Paketschnur endlich ab, nahm den Deckel ab und griff hinein. Als seine Hand wieder zum Vorschein kam, hielt sie eine Pistole! Schnell verschwand sie in der Manteltasche und der Mann machte Anstalten seinen Weg fortzusetzen. Kalt wurde es dem Professor, beinahe wie auf Knopfdruck. Urplötzlich wandelte sich die Situation von einer „schelmischen Verfolgungsjagd" in eine solche, die er noch nicht einordnen konnte. In was ist er denn da hineingeschlittert, dachte er. Kaum ausgedacht, erhob sich der Pistolenmann, machte eine Einhundertachtzig-Grad-Wende und ging schnurstracks auf den Gebäudekomplex des Bundesverfassungsgerichtes zu. Oh, Gott, vor über dreißig Jahren wurde keine einhundert Meter von hier Herr Buback von Terroristen erschossen. Und er schaute zu, wie der Mann mit der Pistole auf das höchste deutsche Gericht zumarschierte! Was sollte er tun? Wie versteinert blickte er dem Mann mit der Pistole hinterher und sah, wie dieser nach links abbog und sich in Richtung Innenstadt bewegte. Doch kein Terrorist. Er musste sich eingestehen, dass er den Observierungsabstand beträchtlich vergrößert hatte. Musste er nicht die Polizei verständigen? Was sollte er dem Polizisten sagen - da läuft einer mit einer Pistole durch den Schlosspark? Hatte er auch richtig hingeschaut? Gedankenversunken sah er den Mann links in den Zirkel einbiegen. Jetzt beschleunigte er ein wenig sein Schritttempo, damit er schnell an der Zirkelkreuzung ankam, um zu sehen, in welche Richtung es weiterging. Kaum hatte er den Zirkel erreicht, spähte er um die Ecke: Nichts. Also, nicht gänzlich nichts, ein paar Autos und Fußgänger, aber sein Pistolenmann blieb verschwunden. Er atmete tief durch und sein Puls verlangsamte sich allmählich. Zwei Dinge nahm er sich vor: die Sache mit den zwei Männern und der Pistole einfach für sich zu behalten und abends immer die Nachrichten anschauen, um zu sehen, ob irgendwo eine übergebene Pistole vielleicht eine Rolle gespielt haben könnte. Sein Puls war wieder auf Tagesdurchschnittswert gesunken und er entschied sich dafür, nach einem kräftigen Kaffee, Pfefferminztee schien irgendwie nicht mehr angebracht, nach solch einem turbulenten Vormittag, noch einmal die Jagd auf einen grauen Anzug in Angriff zu nehmen. Vielleicht hatte er ja nach Mittag mehr Glück und Muse. Musste ja nicht unbedingt Grau sein – schließlich gab es auch schöne dunkle Blaus und diverse Schwarztöne. Er nahm seinen Schritt wieder auf und schlenderte entlang des Zirkels, um gemütlich die in den Galerien zur Schau gestellten Werke zu betrachten. Eben noch den Puls durch gleichmäßige und tiefe Atmung nach unten korrigiert, schnellte dieser binnen Sekundenbruchteilen wieder nach oben! In einem der Schaufenster hing ein großformatiges Foto und zeigte – IHN! Das Schwarz-weiß-Foto war noch keine Stunde alt und wurde im Erbprinzenhof aufgenommen, als er die beiden Männer beobachtete. In was für ein Spiel ist er hier hinein geraten? Er merkte, wie seine Knie weich und weicher wurden. Was hatte er mit der Sache zu tun? War er nicht mehr der zahlenverliebte Mathematikprofessor, der nur in der Stadt war, um sich einen Anzug zu kaufen. Nun, er war kein Held, aber ein Angsthase war er auch nicht. Er nahm allen Mut zusammen und betrat die Galerie. Kaum stand er in dem lichtdurchflutetem Raum kam auch schon eine Frau mittleren Alters auf ihn zu, begrüßte ihn und fragte, womit sie denn behilflich sein könnte.

„Ich interessiere mich für die Fotografie in ihrem Schaufenster."

„Oh, das tut mir leid, aber dieses Bild ist unverkäuflich."

„Ich will das Bild nicht kaufen..."

Weiter kam er nicht, weil ihm die Galerieangestellte ins Wort fiel: „Wir haben im hinteren Raum noch weitere Werke des Künstlers." Dabei deutete sie auf einen Durchgang und machte ihm hernach mit einer Handbewegung klar, dass er gerne nach hinten gehen dürfe. Er folgte ihren Anweisungen, betrat den zweiten Ausstellungsraum und verlor beinahe die Fassung. An einer hell erleuchteten Wand hing ein Bild mit dem Porträt seiner Frau! Er drehte sich um, doch die Galeriefrau war nicht mehr da. Neben dem Portrait hing ein weiteres, großformatiges Foto, das eine Zahlenreihe zeigte. Es dauerte nicht lange, bis er die Zahlen in die richtige Reihenfolge gebracht hatte. Ohne Zweifel konnte man die Handy-Nummer seiner Frau damit bilden. Er zog sein Mobiltelefon aus der Tasche und wählte. War sie entführt worden, wurde sie bedroht? – Es klingelte.

„Hallo, mein Schatz, schön dass du anrufst."

Verdutzt schaute er auf das Bild seiner Frau, als diese weiter redete: „Na, wie hat dir das kleine Zahlenspielchen gefallen. Ich wollte dir noch einmal etwas gönnen, bevor du von uns gehst." In diesem Moment hörte er hinter sich ein Räuspern, drehte sich unvermittelt um und schaute in den Lauf der Pistole.

Schuss!

■ Arno Weiss

Der Hobbyautor aus Pfinztal-Söllingen ist verheiratet und hat zwei erwachsene Kinder. Nachdem er vor zwei Jahren seine ersten Schritte durch den Schreibwettbewerb für „Boulevard 2713" als Hobbyautor tätigte, folgt nun eine weitere Kurzgeschichte des Mediengestalters. Durch seinen Beruf, meint er, „kommt man auch immer mal wieder zum Schreiben".

„Das liest sich ja richtig großstädtisch und lebendig, was da im beschaulichen Ettlingen so alles passiert, passieren kann beziehungsweise könnte! Das erinnert an die Kunst des ‚creative writings' der New Yorker Kultautorin der 80er Jahre Tama Janowitz und ihren Erzählband ‚Großstadtsklaven' ebenso wie an das deutsche Pendant Karen Duve und den Kultroman ‚Dies ist kein Liebeslied'. Flotte Sprache und Sprüche, ausgefallene Formulierungen, das macht viel Spaß beim Lesen, und man fragt sich, was sonst noch so alles möglich sein mag in der altbekannten gewohnten Umgebung..."

Der erweiterte Lehrplan ■

von Frauke Bahle

Natürlich weiß ich, warum ich hier bin. Aber ich frage mich, was Sie hier wollen. Nur weil ich gegen das Gesetz verstoßen habe, brauche ich doch keinen Seelenklempner. Denken Sie doch mal an das Attentat von 1944: Wer von beiden war denn da ein Fall für die Klapsmühle, Hitler oder Stauffenberg? Sehen Sie, und dennoch war es Stauffenberg, der gegen das Gesetz verstieß. Ich weiß also gar nicht, warum ich eigentlich mit Ihnen reden soll. Aber wenn Sie die Geschichte unbedingt hören wollen.

Angefangen hat alles damit, dass ich das Referendariat nicht geschafft habe. Ich glaube, mein Seminarleiter war ohnehin die ganze Zeit gegen mich, ich war ihm wohl zu alt. Hab halt erst spät mit dem Studium angefangen. Als ich das erste Mal vor einer Klasse stand, war ich schon 38, während viele meiner Kommilitonen sich zumindest optisch kaum von den Abiturienten unterschieden. Mit den Schülern kam ich klar. Mit den Lehrern weniger. Naja, und das Frühaufstehen ist jetzt auch nicht so mein Ding. Ich hab mich echt bemüht, aber es passierte immer wieder, dass ich zu spät kam, und als mein Seminarleiter mich wieder einmal mittags aus dem Bett klingeln musste, um mich an die 7b zu erinnern, da wars das dann halt mit dem Lehrerinnendasein.

Das musste ich erst mal verdauen. Sechs Jahre Studium, und dann schmeißen die dich raus, nur weil du nicht zu den Lerchen gehörst. Ich bin damals schon etwas ins Trudeln geraten, habe einen Scheißjob nach dem anderen angenommen, um irgendwie über die Runden zu kommen. Bei Metro Regale einräumen, Osterhäsin bei Mann Mobila und solche Sachen, einfach zum Kotzen. Meine Tage endeten meist damit, dass ich mir gegen den Frust abends einen ansoff. Morgens warf ich dann eine Pille ein, um die Alkoholschwere zu vertreiben. Das ging ganz schön ins Geld.

Dann traf ich meine frühere Kommilitonin Nele. Ich stand auf der Kaiserstraße und verteilte Handzettel für ein neues Fitness-Studio, als sie mir direkt vor die Füße lief. Sie war inzwischen Lehrerin am Eichendorff-Gymnasium in Ettlingen, also genau da, wo ich rausgeflogen war. Etwas peinlich, dieses Treffen, aber egal, sie hatte diese geniale Idee, dass ich Nachhilfestunden geben könnte. Die Schüler hatten mich scheinbar noch gut in Erinnerung und die Eltern hatten nie Gelegenheit gehabt, mich kennenzulernen. Sprach also nichts dagegen.

Nele vermittelte mich noch in derselben Woche an zwei Schüler, die in Mathe gerade auf dem absteigenden Ast waren. Das Mädchen stand kurz vor dem Abi, war eine verwöhnte Transuse und nicht wirklich mit Einstein verwandt, wenn Sie verstehen, was ich meine. Die Nachhilfestunden waren mühselig, aber weil die Eltern eine glänzende Wissenschaftskarriere für ihre Tochter vorgesehen hatten, leierte ich ihnen noch ein paar überteuerte Stunden mehr aus dem Kreuz und bugsierte Madame durchs Abi. Auch Phil stammte aus gutem Hause, aber er war wirklich ein ganz anderes Kaliber. Ich wusste nicht genau, wie alt er damals war. Na gut, eigentlich wusste ich es natürlich, schließlich ging er in die elfte Klasse und ich war Mathelehrerin genug, mir sein Alter auszurechnen. Aber von zarten 16 Jahren konnte man bei ihm wirklich nicht sprechen, der Typ hatte es faustdick hinter den Ohren. Und Jungfrau, oder wie man das bei Jungs nennt, war der nicht mehr, als er in meinem Bett landete.

Wie es dazu kam? Ziemlich bald. Nach der ersten Stunde schon, um genau zu sein. Mit Mathematik hatten wir uns noch nicht allzu viel beschäftigt. Der Typ flirtete mit mir, das müssen Sie sich mal vorstellen! War gute 22 Jahre jünger als ich und machte einen auf George Clooney. „Sie haben doch sicherlich mehr drauf als Trigonometrie", sagte er und klappte das Mathebuch wieder zu. „Was hast du gegen Trigonometrie?", fragte ich und rechnete gleichzeitig nach, wie lange es her sein mochte, dass jemand mit weniger als 2,4 Promille mit mir geflirtet hatte. In der letzten Zeit war es mit Männerbekanntschaften etwas mau gewesen, müssen Sie wissen. Zwar lernt man mit regelmäßig Alkohol auch regelmäßig Typen kennen, zumindest wenn man schlau genug ist, aushäusig zu saufen, aber scheinbar hatte mir die Sache mit dem Referendariat und die ständige Geldknappheit das Wort „Problem" auf die Stirn tätowiert. Und wer geht schon gern mit einem Problem ins Bett.

Und jetzt saß dieser Knabe vor mir und machte mich an. „Gegen den ganzen Theoriequatsch mit Sinus und Cosinus habe ich nichts", sagte er. „Aber mir sind Kurven in der Praxis lieber." Als ich sah, wie er bei dieser holprigen Anzüglichkeit ein wenig rot wurde, zerfloss ich fast, so gerührt war ich. Vor Aufregung zappelte er mit den Beinen hin und her, während er gleichzeitig den Arm betont lässig über die Rückenlehne seines Stuhls baumeln ließ und mich taxierte.

Warum mich sein Alter nicht abgehalten hat? Sehen Sie, es ist doch so: Manche Jungs spielen die ersten 15 Jahre ihres Lebens mit Matchbox-Autos, andere machen vielleicht neun oder zehn Jahre lang brumm-brumm, und wenden sich dann anderen Dingen zu. In der elften Klasse sind dann alle 16, aber die einen betreten erst jetzt spielerisches Neuland, während die anderen schon ein paar Jahre dabei sind. Wenn Sie in den Schülerausweis schauen, dann steht da vielleicht ein Geburtsjahr, aber das wahre Alter, das innere sozusagen, das bekommen Sie erst heraus, wenn Sie die Kerle, nun ja, ein bisschen herausfordern. Und Phil war innerlich schon weit über 18.

Natürlich war das mit Phillyboy nichts für die Ewigkeit. Aber ein paar Wochen amüsierten wir uns ganz gut. Er hatte da so seine Quellen, was gewisse Hilfsmittel anbelangte. Es war fast wie eine Abmachung zwischen uns: Er versorgte mich mit Marihuana und was er sonst noch auftreiben konnte, und ich sorgte dafür, dass er ein bisschen was fürs Leben lernte.

Ein fairer Deal, oder finden Sie nicht? Ich habe auch immer streng darauf geachtet, dass wir die Nachhilfestunden, also die in Mathematik meine ich, absolvierten. Wenn die Eltern zwei Stunden pro Woche zahlten, dann habe ich die auch gegeben, da ließ ich mich nie erweichen.

Jedenfalls verlief das mit Phil dann irgendwann im Sande. Seine Noten in Mathe wurden besser, und auch sonst schien er bei mir genug gelernt zu haben, denn eines Tages sah ich ihn in der Innenstadt zusammen mit einem Mädchen. Er küsste sie, und ich wusste sofort, jetzt ist es vorbei. Für eine kurze Zeit verspürte ich Wehmut, aber nun ja, es war ja keine Liebe oder was, eher eine Art Erweiterung des Lehrplans. Ich war übrigens nie eifersüchtig auf irgendwelche Klassenkameradinnen, das können Sie mir glauben. Seien wir mal ehrlich, zwar heulen alle, wenn ein runder Geburtstag ansteht, und wollen die ewige Jungend und alles, aber was das Liebesleben anbelangt: Was Jugendliche da so veranstalten, mag zwar aufregend sein, aber guter Sex ist doch was anderes. Deswegen, klar, die jungen Mädels hatten vielleicht den strafferen Busen und weniger Zellulitis, aber was das Repertoire anbelangt, war ich ihnen haushoch überlegen. Phil hat das eindeutig gefallen, und den Jungs, die danach zur Nachhilfe kamen, auch. Den meisten jedenfalls. Vielleicht war der eine oder andere gelegentlich etwas überfordert, aber man wächst mit seinen Aufgaben, oder? Jetzt schauen Sie nicht so!

Lukas? Woher wissen Sie … Okay, ja, vielleicht gehörte der zu den Überforderten. Ich weiß auch nicht, was mit dem nicht stimmte. Nach unserer ersten Nachhilfestunde hatte er dieses Waidwunde im Blick. Und als er dann zur zweiten Nachhilfestunde kam, da wirkte er wie einer, der sich in sein Schicksal fügt. Irgendwie süß, aber als er dann schon beim Rechnen laut aufschluchzte, wurde mir doch etwas mulmig zumute. Immerhin hatte ich einen Ruf zu verlieren. Es hatte sich mit der Zeit bei den Eltern herumgesprochen, dass da eine war, die es schaffte, selbst die rebellischsten Söhne an den Schreibtisch zu locken. Deswegen rekrutierte ich nach und nach nicht nur am Eichendorff-Gymnasium, sondern in der ganzen Stadt. Ich machte Lukas also klar, dass wir es gerne bei Mathe belassen konnten, unter der Bedingung, dass er den Mund hielt. Natürlich habe ich nicht alles vernascht, was bei mir den Nacken über die Stochastik beugte. Die Mädchen ließ ich allesamt in Ruhe, und bei den Jungs achtete ich auf das innere Alter. Ich wollte ja niemanden verderben oder so. Manchen sieht man einfach an, dass sie das Matchbox-Auto eben erst aus dem Ranzen geräumt haben. Meist ließ ich sie erst einmal eine Stunde rechnen und stellte vielleicht ein paar Fangfragen. Wenn einer bei Justin Biber die Augen verdrehte, war er innerlich älter als vierzehn, wer bei Gras ans Rasenmähen dachte, hatte noch keine Drogenerfahrungen, etwas in der Art. Meist zog ich diese durchscheinende Bluse an. Wer bei dem Anblick anfing, die Nase tief ins Buch zu versenken, bekam Mathenachhilfe. Wer immer wieder einmal einen Seitenblick riskierte, lernte bei mir noch etwas anderes. Schwierig einzuschätzen waren die mit der großen Klappe. Bei denen weiß man am Anfang nie, ob das nur Show ist oder ob sie wirklich cool sind. Meist half es, beiläufig noch einen weiteren Knopf der Bluse zu öffnen. Wer dann schlagartig leiser wurde, musste sich mit Vektorrechnung beschäftigen.

Es waren dann schon ein paar, die diesen Eingangstest bestanden. Nicht, dass Sie das jetzt falsch verstehen, da lief nie was parallel. Zumindest anfangs nicht. Die Jungs wuchsen mir schon ein bisschen ans Herz. Nehmen Sie Daniel. Der war zuckersüß. Nachdem er die Reifeprüfung erfolgreich bestanden hatte, war er nach der Nachhilfe dann doch reichlich nervös. Wir brauchten ein paar Anläufe, Sie wissen schon, damit ich auch was davon hatte. Aber der Kerl machte sich im Laufe der Zeit ganz prächtig. Er hing regelrecht an mir, brachte mir kleine Geschenke mit, spielte mir was von den Simple Minds als Klingelton aufs Handy, solche Sachen. Simple Minds! Als die „Alive and kicking" sangen, kannten sich seine Eltern doch noch nicht einmal. Außerdem las er mir hinterher immer aus seinen Comics vor. Können Sie sich das vorstellen? „Wummmm ... krawusch ... wimmer ..." Einfach irre. Und wie der sich über die bescheuerte Handlung freute, das war zu niedlich.

Ohne die Sache mit Jonas wäre das sicherlich eine ganze Weile noch so weiter gegangen. Ich achtete darauf, nicht zu oft an einer Schule oder gar in einem Jahrgang zu wildern. Anfangs führte ich sogar Buch. Später habe ich dann allerdings etwas nachgelassen und mir nur noch so Sachen gemerkt wie „Dieses Schuljahr keinen Elfer mehr vom Goethe". Nur das Problem mit den jüngeren Geschwistern habe ich unterschätzt.

Jonas war der Bruder von Max, der mir zwei Jahre zuvor die Zeit vertrieben hatte. Während Max eher ruhig und in jeder Hinsicht wissbegierig war, war Jonas der Haudrauf. Auf eine witzige Art mit seinen jungen Jahren … aber eben laut und übermütig, für jeden Spaß zu haben, solange er nur verboten war. So jedenfalls gab er sich in der ersten Stunde und bestand den Eingangstest daher mit Bravour. Dass ich den Joint in seinem Mäppchen fand, verunsicherte ihn kurz, aber als er mein breites Grinsen sah, hatte er gleich wieder Oberwasser. Es war das erste Mal, dass ich von meinem Grundsatz abwich und auf die zweite Hälfte der Nachhilfestunde verzichtete.

Aber es ging nicht lange gut. Jonas war einfach zu unberechenbar. Manchmal tauchte er bei mir auf, während ich gerade einen anderen Schüler da hatte, also einen für Mathenachhilfe meine ich jetzt. Dann wieder kam er zwei Wochen lang gar nicht. Ich mochte ihn, aber ich wusste, dass er den Respekt vor mir nicht verlieren durfte, denn sonst würde er anfangen zu tratschen, und dann war ich geliefert. Daher versuchte ich es mit Strenge, Sexentzug und Stochastik, aber der Kerl war schwer zu bändigen. Irgendwann schrieb ich einen Brief an seine Eltern, empfahl ihnen einen Psychologen und bat sie, Jonas nicht mehr zu mir zu schicken.

Am nächsten Abend stand er vor meiner Tür. Ich weiß nicht, was er alles eingeworfen hatte, die Kids bekommen ja heute alles auf ihren Partys. Er benahm sich wie ein Trommelaffe, Sie wissen schon, diese Dinger, die man aufzieht, und dann trommeln sie wie bekloppt drauflos. Ungefähr so marschierte er an mir vorbei in meine Wohnung. Lief schnurstracks zur Küche, öffnete den Kühlschrank und trank die Hälfte meines Tequilas leer. Als ich ihm die Flasche wegnahm, rülpste er mich an. „Lust aufn bisschen Potenzrechnung?", nuschelte er und bekam diesen glasigen Blick, für lüstern war er einfach noch zu jung. Dann versuchte er, mich in Richtung Schlafzimmer zu schieben. Aber dass er jetzt die Oberhand über mich haben wollte, gefiel mir gar nicht. „Geh nach Hause und schlaf deinen Rausch aus", riet ich ihm energisch.

Aber sie glauben ja gar nicht, was so ein Kerl für eine Kraft hat. Mit Mühe und Not schaffte ich es, ihm die Schlafzimmertür vor der Nase zuzuschlagen. Er hämmerte an die Tür und brüllte rum, dass ich Angst bekam, die Nachbarn würden die Polizei rufen. Erst nach einer halben Stunde traute ich mich raus, im Nachhinein betrachtet war das natürlich ein Fehler. Jonilein hatte nämlich den Vorrat an Pillen gefunden, den ich in der unteren Schublade der Kommode im Wohnzimmer aufbewahrte. Ich war damals etwas von den Sauftouren abgekommen und hatte mich auf Tranquilzer für den Abend und einen Muntermacher für den Morgen verlegt. Meine Kids versorgten mich ja immer mit Nachschub. Und etwa eine Handvoll Pillen muss Jonas sich in den Rachen geworfen haben. Mit dem Marihuana seines Vorgängers hatte er wohl nichts anfangen können, denn das war im ganzen Wohnzimmer verstreut. Jonas mittendrin, quer übers Sofa gestreckt, in seiner eigenen Kotze.

Ich sage Ihnen, noch nie so einen Schreck gehabt. Ich versuchte, ihm den Puls zu fühlen, aber meine Hände zitterten so, dass es mir nicht gelang. Schließlich ließ ich es bleiben und rief einen Krankenwagen. Bei der Adresse kam ich dann allerdings ins Stottern. Das ganze Wohnzimmer war voller Dope und bunter Pillen, unmöglich konnte ich da jemanden reinlassen. Ich legte auf. Mein Blick fiel auf meinen Autoschlüssel. Ich steckte ihn in die Hosentasche und rannte zu Jonas. Verzweifelt versuchte ich, ihn auf die Beine zu stellen, aber der Kerl war völlig weggetreten. Immerhin atmete er zu dem Zeitpunkt noch. Ich nahm ihn daher bei den Füßen und zog ihn vom Sofa. Sein Kopf schlug etwas hart auf dem Boden auf, aber Jonas gab keinen Mucks von sich. Keuchend zog ich ihn raus ins Treppenhaus. Bis in den ersten Stock und an den Wohnungen vorbei schaffte ich es, ihn ohne größere Verletzungen die Stufen runterzuzerren, aber auf dem nächsten Halbstock rutschte ich aus, und gemeinsam polterten wir ins Erdgeschoss. Ich lauschte in die plötzliche Stille und fragte mich, ob diese neugierige Alte aus der Dachwohnung den Krawall wohl gehört hatte. Und wie auf Befehl erschien ihr runzeliges Gesicht über dem Treppengeländer. „Machen Sie sich keine Sorgen", rief ich mit schrillerer Stimme, als mir lieb war. „Ich bin bloß ausgerutscht." Gleichzeitig schob ich

Jonas mit dem Fuß aus ihrem Blickfeld. Ich rappelte mich auf und versuchte, trotz brennendem Schmerz im Knöchel zu lächeln. Die Alte schüttelte den Kopf, vermutlich hielt sie mich für betrunken, und verschwand.

Ich ließ Jonas unter den Briefkästen liegen und betete, dass niemand kommen würde, bis ich den Wagen vorgefahren hatte. Dann wuchtete ich ihn auf den Beifahrersitz. Angeschnallt sah er zunächst mal relativ normal aus, wenn man von dem Blutfaden absah, der ihm aus dem linken Ohr sickerte. Aber in der nächsten Kurve, die ich in meiner Panik etwas zu sportlich nahm, rutschte er mir gegen die Schulter. Da ich ohnehin keinen echten Plan hatte, fuhr ich ihn einfach noch einen Kilometer weiter in Richtung Elternhaus und parkte den Wagen in einer Seitenstraße. Zum Glück war es schon spät, und ich konnte ihn unbehelligt aus dem Auto zerren. Das Blöde ist, dass ich in meiner Aufregung vergessen hatte, mein Handy mitzunehmen. Einfach aus sicherer Entfernung den Krankenwagen anrufen, wie ich es vorgehabt hatte, klappte also nicht. Ich lief ein paar Mal die Straße auf und ab, unschlüssig, was ich tun sollte. Jonas sah da schon nicht mehr so gut aus. Die bläuliche Farbe in seinem Gesicht hielt mich davon ab, seinen Puls zu fühlen. Plötzlich kam ein Mann um die Ecke getorkelt. „Hilfe!", rief ich. „Rufen Sie einen Krankenwagen!" Aber der Typ reagierte einfach nicht, der war fast so weggetreten wie Jonas. Erst als ich ihm eine scheuerte und ihn anbrüllte, schien er zu begreifen und fingerte ein Telefon aus der Hosentasche. Ich riss es ihm aus der Hand und wählte die 112. Dann machte ich, dass ich fortkam.

Ich vermute mal, es war sein Bruder Max, der da eins und eins zusammengezählt und mich verraten hat. Richtig überrascht war ich jedenfalls nicht, als am nächsten Tag die Polizei bei mir auftauchte. Wie gesagt, das Problem mit den Geschwistern habe ich einfach unterschätzt. Tja, und deswegen sitzen Sie und ich hier zusammen. Ich weiß selbst, dass ich nicht hätte wegfahren sollen. Aber ich bin keine Ärztin, wie hätte ich Jonas also helfen können? Reue? Natürlich tut mir das mit Jonas leid, ich bin ja kein Unmensch. Aber mal ehrlich, der war der ideale Kandidat fürs Komasaufen. Das wär doch früher oder später ohnehin schiefgegangen mit ihm. Jetzt schauen Sie nicht schon wieder so komisch. Bestimmt gibt es auf Ihrem Arztkittel auch ein paar schwarze Flecken. Oder wollen Sie etwa behaupten, Sie hätten Ihre wilden Jahre im Kloster verbracht? Sie brauchen die Paragraphen, gegen die ich verstoßen habe, gar nicht alle aufzuzählen, das haben Ihre grünen Kollegen schon getan. Aber wie ich schon gesagt habe, nur weil man gegen das Gesetz verstößt, ist man noch lange nicht psycho. Es ist doch meine Sache, wenn ich mir die Gesundheit mit bunten Pillen ruiniere und nebenbei für ein bisschen Spaß im Leben sorge. Jetzt gehen Sie und schreiben Sie Ihren Bericht, mehr gibt es nicht zu erzählen.

Frauke Bahle ■

Sie ist 1969 in Kassel geboren und lebt mit einigen Unterbrechungen seit 22 Jahren in Karlsruhe. Sie arbeitet hier als freie Redakteurin für Sach- und Fachbuchverlage. Des Weiteren hatte sie einige Veröffentlichungen in Anthologien sowie in den Sammelbänden der Röser Presse. Ein aktives Mitglied in der Karlsruher Autorenvereinigung Literatenrunde ist Frau Bahle neben ihrem Hobby, dem Schreiben, ebenfalls noch.

Ingo Wellenreuther,
Mitglied des Deutschen Bundestages und
Präsident des Karlsruher Sport-Clubs

„Sind tatsächlich die Bären nach Karlsruhe zurückgekehrt und gehen im Wald auf Menschenjagd oder war etwa doch alles ganz anders? Den Leser erwartet mit ‚Das Fell des Bären' eine spannende Kurzgeschichte mit viel Lokalkolorit rund um Karlsruhe und Daxlanden."

■ Das Fell des Bären
von Hans-Christian Arzt

Es war ein warmer Spätsommertag und die Erde verströmte den feuchten Geruch des nahen Waldes der Heidenstücker Siedlung. Gleichmäßiger Regen löste sich beinahe verständnisvoll mit einer eigentlich noch viel zu intensiv strahlenden Sonne ab. Die meisten Pilze warteten ungeduldig auf das Durchdringen der mit welkem Laub bedeckten Humusschicht. Horst fuhr wie immer seine tägliche Strecke ab. Sein leuchtend gelbes Fahrrad mit der Quietschente am Lenker war nicht zu übersehen. Als pflichtbewusster Briefträger legte er stets Wert auf Zuverlässigkeit und ein sauberes Arbeitsgerät. Seine Pünktlichkeit und seine positive Einstellung waren schon drei Häuser weiter zu vernehmen, wenn er singend Postkarten, Werbeschreiben, Rechnungen und sonstige Schriftstücke in den Briefkästen verteilte.
Heute begann er seine Arbeit etwas früher als sonst. Der Himmel versprach Hitze – und Hitze war nicht das, was einen im Freien schaffenden Dienstleister wie ihn begeistern konnte. Gedanklich schwankte er noch zwischen einem Bad in den Wellen des Rheinstrandbades oder einem Waldspaziergang mit Körbchen und Messer, in der Hoffnung, sein Abendmahl mit einem kleinen Pilzgericht verfeinern zu können. Schließlich gewann sein Magen die Oberhand über das verlockend, kühle Nass, zumal ihm einfiel, dass das Rheinstrandbad seine Saison bereits beendet hatte. Die letzten Sonnenstrahlen drangen inzwischen durch die zum Teil lichten Bäume und zeichneten ein bizarres Bild auf den feuchter werdenden Waldboden, nahe des Naturschutz-

zentrums Rappenwörth. Der Inhalt von Horsts Korb war genauso überschaubar, wie der „nouvelle cuisine"-Teller eines Feinschmeckerlokals gehobener Preisklasse. Dafür nahm seine Nase plötzlich einen üblen, unerträglichen Verwesungsgeruch wahr. Keine zehn Meter von ihm entfernt, teilweise bedeckt von frisch herabgefallenem Laub, meinte er, einen verkrusteten Klumpen Fleisch zu erkennen. Als Horst näher kam, gefror ihm das Blut in den Adern. Vorsichtig, mit rasendem Herzklopfen, streifte er mit einem Ast die Blätter von einem undefinierbar stinkendem Etwas. Seine Vermutung wurde zur Gewissheit, als er einen zertrümmerten, menschlichen Kopf freigelegt hatte. Vor ihm lag der verstümmelte Torso einer männlichen Leiche. Bevor er die Polizei über sein Handy informierte, musste er erst einmal seinen Brechreiz überwinden. Der Appetit war ihm vergangen. Das nächste Mal würde er das Sonnenbad am Rheinhafen bevorzugen.

Die Beamten des Polizeireviers Daxlanden standen vor einem Rätsel. Die Spuren, die sich am Tatort zeigten, ergaben zunächst kein zuordbares Profil. Erst der herbeigerufene Förster äußerte, nach eingehender Untersuchung, einen unglaublichen Verdacht. Anhand der Spuren ließen sich ohne Zweifel die Pranken eines Bären nachweisen. Doch ein Bär in dieser Gegend konnte nahezu ausgeschlossen werden. Selbst die in der Zwischenzeit herbeigerufenen Kripobeamten hielten es für angebracht, eine weitere sachverständige Person hinzuzuziehen.

Gerhard Troos saß gemütlich in seinem Ohrensessel, hielt ein halbgefülltes Rotweinglas in der Hand und fieberte auf Sport1 der nächsten Niederlage des KSC entgegen. Zuvor hatte er eine Portion Rehgulasch mit handgeschabten Spätzle und einer dicken Soße verdrückt. An den Blähungen, die ihn nun plagten, konnten nur die Zwiebeln schuld sein.
Verärgert rief er nach seiner, mit dem Abwasch beschäftigten Frau, als nun auch noch das Telefon nicht aufhören wollte, ihn zu belästigen. „Ist für dich Gerd. Revier Daxlanden."
Gerhard fluchte. Sicherlich hatte ein in Gedanken versunkener Autofahrer wieder einmal ein Reh oder eine Sau zur Strecke gebracht. Als Revierjäger war er für das ihm zuge-

teilte Gebiet und somit auch für die Beseitigung der Kadaver zuständig. Ausgerechnet jetzt, am Montagabend, musste ihn so ein Trottel aus seinem wohlverdienten Feierabend herausreißen. „Troos", meldete sich Gerhard barsch. „Was gibt es denn so Dringendes, dass Sie mich um diese Uhrzeit belästigen müssen?"

„Wir haben einen rätselhaften Todesfall, der Ihr Erscheinen umgehend erfordert. Wir befinden uns in unmittelbarer Nähe des Naturschutzzentrums. Bitte beeilen Sie sich", ertönte eine ebenso ungehaltene Stimme am anderen Ende der Leitung. Gerhard schaltete mit einem Seufzer den Fernseher aus, tauschte seine Filzpantoffeln gegen festes Schuhwerk und klemmte sich seine Lederjacke unter den Arm. Als er in seinem Landrover nach Daxlanden fuhr, ahnte er noch nicht, dass eine Bärenjagd auf ihn und seine Kollegen zukommen würde. Nach der Inaugenscheinnahme des Tatorts und mehreren gemurmelten „Hmm", wandte sich Troos Herrn Henne, dem leitenden Kripobeamten zu.

„Es sieht nach der Tat eines Raubtieres aus. Den Spuren nach zu urteilen, müsste es sich dabei tatsächlich um einen Bären handeln", bestätigte er den Verdacht des Försters.

„Ich schlage vor, dass Sie das Gebiet umgehend großräumig absperren lassen und die Bevölkerung informieren. Ich werde mich inzwischen mit meinen Jagdkollegen in Verbindung setzen, um das weitere Vorgehen zu besprechen", verabschiedete sich Troos eilig. Er wollte wenigstens noch das Ende des Fußballspiels miterleben.

„Waidmanns Heil" – „Waidmanns Dank" scholl es zurück, als der Letzte der eingeschworenen Gemeinschaft den Nebenraum der Gaststätte betreten hatte. Im Siedlerheim von Grünwinkel hatten zwölf Jäger Platz genommen und warteten bei Bier und Wein ungeduldig auf die vorbestellte Schlachtplatte, während sie beratschlagten, wie man einem Bären am besten auf den Leib rückt.

„Ihr wisst, dass das, was wir hier besprechen, nicht für die Öffentlichkeit bestimmt ist." Troos hatte sich erhoben und blickte sich in der Runde um. „Bis auf Hartmut Weinig sind alle erschienen. Weiß einer von euch, wo er sich aufhält?" Allgemeines Schulterzucken gab die Antwort. Nur Max

Stiebler rückte unruhig auf seinem Stuhl hin und her.

„Also gut, dann werden wir ohne ihn versuchen, das Untier zu erlegen."

„Dürfen wir das überhaupt?", kam sofort ein Einwand. „Ihr wisst doch, wie die Tierschützer reagieren. Wenn es nach denen geht, dürfen wir den Teddybär bestenfalls betäuben und irgendwo aussetzen. Wir müssen uns erst vergewissern, ob er zum Abschuss frei gegeben ist."

„Wer ebenfalls dieser Meinung ist, hebt die Hand."

„Einstimmig!", stellte Troos beruhigt fest.

„Wir werden vier Gruppen bilden. Jede Gruppe steht mit der anderen in ständiger Verbindung und teilt alle zehn Minuten ihren Standort mit. Ihr bekommt von mir eine Karte, in der das Gebiet in quadratische Abschnitte eingeteilt ist. Zusätzlich werden wir durch Polizeibeamte unterstützt, mit denen wir ebenfalls Kontakt halten. Ich denke, ihr seid euch des Ernsts der Situation bewusst. Ich zähle auf euch. Um 14 Uhr morgen Mittag geht es los. Ich denke, dass bis dahin alle nötigen Informationen vorliegen werden. Wer aus beruflichen Gründen absagen muss, kann es mir gleich sagen." Es war Ehrensache, dass sich hierzu niemand äußerte.

Bis auf Max Stiebler und Hartmut Weinig hatten sich alle auf dem Parkplatz am Rheinstrandbad Rappenwörth eingefunden. Inzwischen war es zehn Minuten nach 14 Uhr. Troos holte sein Handy heraus und wählte die Nummer von Stiebler. Nach längerem Klingeln unterbrach er die Verbindung.

„Nicht zu erreichen. Wir brechen ohne ihn auf. Peter und Walter, ihr müsst notgedrungen zu zweit gehen. Seid vorsichtig und horcht auf jedes verdächtige Geräusch."

Sie teilten sich wie besprochen auf, und jede Gruppe durchkämmte das ihr zuvor zugeordnete Areal. In der Zwischenzeit hatte die Polizei die Umgebung abgesichert.

Zwei Stunden waren vergangen, als Peter sich mit einer schrecklichen Nachricht meldete.

„Wir haben im Planquadrat fünf eine weitere Leiche gefunden. Eine Frau mittleren Alters. Der Kleidung nach zu urteilen eine Joggerin. Sieht fürchterlich aus."

Keine viertel Stunde später standen etwa dreißig Personen um eine Frauenleiche, an der bereits Insekten, Würmer und Fliegen angefangen hatten, die Zersetzung des Körpers zu beschleunigen.

Der herbeigerufene Gerichtsmediziner stellte Genickbruch durch Gewalteinwirkung sowie tiefe, entstellende Kratzspuren in Gesicht, Brust und Armen fest. Der Todeszeitpunkt war auf den Tag genau der gleiche, wie bei der ersten Leiche. Seiner Schätzung nach musste der Tod vor etwa einer Woche eingetreten sein.

„Irgendwelche Bärenspuren?", wandte sich Kriminalkommissar Henne an Troos.

„Kann ich im Moment noch nicht sagen. Wir müssen erst die nähere Umgebung absuchen. Allerdings lassen die Verletzungen diese Vermutung zu."

Weitere zehn Minuten später waren sich die Anwesenden sicher, dass der Bär auch hier zugeschlagen hatte.

Nach dem Abtransport der Leiche suchten die Jäger bis zum Einsatz der Dämmerung weiter, jedoch ohne den erhofften Erfolg. Für den nächsten Tag hatte man sich auf acht Uhr verständigt. Bis dahin würde Troos jemandem einen Besuch abstatten.

Gerhard Troos klingelte dreimal kurz hintereinander. Es dauerte eine Weile, bis das Licht anging und sich ein Schlüssel im Türschloss drehte. Dann öffnete Max Stiebler die schwere Eichentür.

„Hallo Gerhard. So spät noch unterwegs? Was verschafft mir das Vergnügen?", feixte ihn Max an, als ob er den Besucher erwartet hätte.

„Wir haben dich heute Mittag vermisst. Warum bist du nicht gekommen?"

„Komm erst einmal herein Gerhard, drinnen können wir uns besser miteinander unterhalten."

Sie setzten sich in das gemütlich eingerichtete Wohnzimmer, dessen eine Wand mit unzähligen Trophäen geschmückt war. Sogar ein Wildschweinkopf grinste Gerhard entgegen. Doch irgend etwas war anders als sonst, wenn sie so manche Abende nach einer Jagd vor dem offenen Kamin saßen und ihr Jägerlatein zum Besten gegeben hatten.

„Inzwischen gibt es noch eine weitere Leiche", begann Gerhard das Gespräch. „Wir haben eine Joggerin nicht unweit des ersten Fundorts entdeckt. Der Bär muss erneut zugeschlagen haben. Dieses Biest ist wie vom Erdboden verschwunden."

„Ich wäre gerne mitgekommen, hatte aber eine dringende geschäftliche Besprechung. Ich habe es einfach verschwitzt, euch Bescheid zu geben. Morgen komme ich mit. Wäre doch gelacht, wenn…"

In diesem Augenblick läutete Gerhards iPhone.

„Ja, ich höre." Gerhards Gesicht nahm einen immer ernsteren Gesichtsausdruck an, während er der Stimme, die ihm anscheinend schmerzhaft ins Ohr drang, aufmerksam zuhörte.

„Kann auch kein Irrtum vorliegen?" Beinahe reglos nahm er die nächsten Sätze in sich auf.

„Ich danke Ihnen für die Information, Herr Henne."

Dann beendete er das Gespräch.

„War Hartmut Weinig nicht dein bester Freund?"

„Wieso war?", entgegnete Max erstaunt.

„Soeben habe ich erfahren, dass es sich bei dem Toten um unseren Jagdfreund Hartmut handelt. Er wurde anhand seines Gebisses eindeutig identifiziert."

„Das kann ich nicht glauben. Vor einer Woche war er noch bei uns zu Besuch. Uschi und ich haben uns zusammen mit ihm eine Spielfilm angesehen, und jetzt…."

Max schüttelte ungläubig den Kopf.

„Wo ist Uschi eigentlich?", wollte Gerhard wissen.

„Sie wollte ein paar Tage bei ihrer Mutter in Leipzig verbringen."

Die Unterhaltung setzte sich, anhand der Ereignisse, noch eine Weile fort. Erst als Troos das elfmalige Schlagen der Pendeluhr vernahm, meinte er, dass es Zeit war, sich zu verabschieden. Auf dem Heimweg fiel es ihm wieder ein. Im Wohnzimmer von Max Stiebler fehlte das Bärenfell, das er als Trophäe vor Jahren aus Kanada mitgebracht hatte.

Max Stiebler konnte in dieser Nacht kein Auge zu tun. Immer wieder kreisten seine Gedanken um die beiden Toten im Wald. Inzwischen hatten sie herausgefunden, wer der erste Tote war. Es war nur eine Frage der Zeit, bis sie auch die zweite Tote identifiziert haben würden. Dass es sich hierbei um seine Frau handelte, wusste bisher nur er.

Hätten Uschi und Hartmut ihn nicht betrogen, würden sie heute noch am Leben sein und alles wäre in Ordnung. Aber so … , und das vor seinen Augen. Er hatte sie schon länger in Verdacht. Ihre Blicke waren ihm nicht entgangen, wenn sie sich ansahen. Auch diese flüchtigen, versehentlichen Berührungen, wenn sie aneinander vorbeigingen, waren ihm nicht verborgen geblieben. Sie hatten es nicht anders verdient. Er hatte sie erschlagen, wie jämmerliche Ratten. Wie hatten sie ihn verletzt, verhöhnt, ihm durch ihr impertinentes Verhalten seelische Schmerzen zugefügt, bis er nicht mehr anders konnte.

Immer wieder hatte er mit dem Kolben seines Gewehrs auf Hartmut eingeschlagen, so lange, bis er sich nicht mehr gerührt hatte. Zuerst wollte er Uschi verschonen und schloss sie in einen Kellerverschlag ein. Aber später wurde ihm bewusst, dass sie ihn verraten würde. Deshalb musste auch sie sterben. Uschi hatte sich bis zuletzt gewehrt, gewinselt wie ein junger Hund, als er sie an den Haaren aus dem Verschlag zog. Ihre flehenden Blicke hatten ihn nicht im Geringsten berührt. Nicht einmal ihre Tränen und ihre bruchstückhaften, zittrigen Worte hatten ihn umstimmen können.

Bereits der erste Schlag ins Genick hatte gereicht, um ihr schändliches Leben zu beenden. Zunächst hatte er beide in zwei Wannen, die eigentlich für den Transport von Großwild bestimmt waren, zum Geländewagen geschleppt. Anschließend wischte er das verspritzte Blut von Tapete und Fußboden, wechselte seine verfleckte Kleidung und steckte diese, zusammen mit der Bettwäsche in die Waschmaschine. Dabei kam ihm die Idee mit dem Bären. Damit würde er den Verdacht von sich ablenken.

Sein Hass verlieh ihm brutale Kräfte, und seine wirren Gedanken ließen das Vertuschen der Tat zu einem automatischen Ablauf werden, als er seine Opfer mit der Tatze des Bärenfells im Scheinwerferlicht seines Wagens verunstaltete, und anschließend mit den vier Pranken den weichen Boden markierte. Nachdem er sorgfältig alle verdächtigen Spuren beseitigt hatte, war er schweißgebadet, aber zufrieden nach

Hause gefahren. Gab es irgendwelche Hinweise, die den Verdacht auf ihn lenken konnten? Schließlich würden sie auch die Identität der zweiten Leiche bald herausbekommen, und dann wäre er den Befragungen durch die Kriminalbeamten ausgesetzt. Was würde er ihnen antworten? Gab es irgend etwas, das er nicht berücksichtigt hatte? Seine Gedanken kreisten unaufhörlich um diese Fragen.

Das Bärenfell! Sicherlich hatte Gerhard das Fehlen des Felles bemerkt, und wenn er eins und eins zusammenzählte, würde er hinter sein Geheimnis kommen.

Der Morgen begann bereits zu dämmern, als er sich entschloss, Gerhard Troos am nächsten Tag bei der Bärenjagd zu begleiten.

Die Jagdgesellschaft hatte sich pünktlich um acht Uhr beim Vereinsheim der Rheinbrüder in Rappenwörth eingefunden. Gerhard war gerade dabei, seine Mannschaft in Gruppen einzuteilen, als sich auch Max Stiebler zu ihnen gesellte.

„Könnte ich zusammen mit dir auf die Suche gehen?", wandte er sich gleich an Troos.

„Ich muss noch etwas Wichtiges mit dir besprechen; und zwar unter vier Augen."

Eindringlich schaute er seinen Gegenüber an. Er musste unbedingt herausfinden, was Gerhard wusste.

„Von mir aus", antwortete Troos mit fragendem Blick.

„Wir bekommen heute Hubschrauberunterstützung", informierte Hauptkommissar Henne die Anwesenden.

„Hoffentlich haben wir damit mehr Erfolg. Wir können jetzt die Suche fortsetzen. Jede Gruppe kennt ihr Suchgebiet. Also, lasst uns losgehen."

Max und Gerhard gingen ein Stück auf einem Waldweg, bevor sie sich in dichteres Unterholz begaben, das nach dem Sturm Lothar wieder nachgewachsen war.

„Was gibt es so Dringendes zu besprechen, dass du unbedingt mit mir alleine unterwegs sein willst?"

„Ich wollte von Dir wissen, was du von den beiden Todesfällen hältst. Glaubst du wirklich, dass es ein Bär war?"

„Versteh bitte, dass ich mich hierzu nicht äußern möchte. Es ist alles etwas sonderbar. Aber so ganz hat mich der Bär noch nicht überzeugt." Ihre Unterhaltung wurde abrupt von der Melodie „Gar lustig ist die Jägerei" unterbrochen. Troos kramte sein iPhone hervor und drückte die Telefontaste.

„Ja, Troos." Im Hörer vernahm er die inzwischen vertraute Stimme von Kriminalkommissar Henne.

Max versuchte das Gespräch zu verfolgen, konnte aber nur einzelne Wortfetzen verstehen. Gerhard kommentierte lediglich mit einem „ja" oder „ach was" oder „ich verstehe". Dabei ließ er Max nicht aus den Augen. Schließlich beendete er das Gespräch mit den Worten „bei mir".

„Um was ging es bei dem Gespräch?", wollte Max wissen.

„Sie haben den männlichen Körper seziert. Wahrscheinlich handelt es sich hierbei um Mord. Die zweite Leiche wurde inzwischen ebenfalls identifiziert. Ich glaube, du weißt, um wen es sich dabei handelt."

Blitzschnell hatte Stiebler seinen Drilling in Anschlag gebracht. Gerhard blickte direkt in die Öffnungen dieser großkalibrigen Waffe.

„Was willst du jetzt tun? Willst Du mich vielleicht auch umbringen? Ein weiterer Mord macht es auch nicht besser. Wenn du mich jetzt erschießt, wissen sie sowieso, dass du es warst."

„Sei still", herrschte ihn Max an.

„Du weißt ja nicht, wie es ist, wenn man seinen besten Freund in flagranti mit seiner Frau erwischt."

Max' Blick nahm einen seltsamen Ausdruck an.

„Leg die Waffe weg. Ich bin dein Freund und werde dir helfen", versuchte Gerhard, ihn zu beruhigen. Doch Max schien weit weg zu sein. Er hatte sich selbst außer Kontrolle gesetzt.

Henne hatte bereits kurz nach acht den Anruf aus der Autopsie erhalten. Aus den Ergebnissen ging eindeutig hervor, dass beide Leichen ermordet wurden. Schnell war klar, dass hier ein eindeutiger Zusammenhang mit Max Stiebler bestand, und er der Hauptverdächtige war. Eine sofort eingeleitete Durchsuchung des Hauses von Stiebler hatte rasch zum Erfolg geführt und den Verdacht erhärtet. Im Keller hatten die Beamten das blutverschmierte Bärenfell gefunden.

Troos befand sich in großer Gefahr. Es musste etwas bedeuten, dass Stiebler ausgerechnet mit ihm alleine in den Wald gehen wollte. Jetzt war Eile geboten. Er musste Troos warnen. In dem Dickicht würde der Hubschrauber keine Chance haben, die beiden zu entdecken.

Henne wählte die Nummer von Troos und informierte ihn über den Tatverdacht. Zum Schluss wies er ihn an, sein iPhone nicht auszuschalten.

Mit Hilfe des GPS konnten sie den Aufenthaltsort der beiden orten. Bei der Annäherung war größte Vorsicht geboten. Sie mussten davon ausgehen, dass der Täter unberechenbar und zu allem bereit war. Als Henne und seine Leute nah genug waren, konnten sie erkennen, dass Stiebler seine Waffe auf Troos gerichtet hatte.

Henne gab über Funk eine Anweisung und brachte seine Scharfschützen in Position.

Es dauerte keine fünf Minuten, bis das Knattern des Hubschraubers näher kam. Als er sich direkt über Stiebler und Troos befand, hob Stiebler unwillkürlich den Kopf. Das war der Augenblick, als ihn eine Kugel außer Gefecht setzte, und der Zugriff erfolgte. Troos atmete hörbar aus, als Henne ihm entgegen kam.

„Das war knapp. Er war gerade im Begriff, den Abzug durchzuziehen."

Vor ihm kniete mit schmerzverzerrtem Gesicht der Mörder zweier Menschen.

Was war in Max vorgegangen? Waren es Eifersucht, der Verlust von Besitz oder verletzte Eitelkeit, die ihn zu einer so grausamen Tat getrieben hatten? Konnte es überhaupt eine Rechtfertigung für Mord geben? Troos würde es nie erfahren, er konnte es nur erahnen. Eine Woche nach seiner Festnahme hatte sich der Jäger in seiner Zelle in der Riefstahlstraße erhängt.

Hans-Christian Arzt ■

Der Karlsruher Hobbyautor Hans-Christian Arzt ist verheiratet und hat zwei erwachsene Kinder. 1997 machte er sich mit einer eigenen Pelzwerkstatt selbstständig, mit welcher er inzwischen der einzige Kürschnermeister in Karlsruhe ist. Neben seinen Gedichten, die unter anderem in der Bibliothek Deutschsprachiger Gedichte veröffentlicht wurden, arbeitet er derzeit an einem Fantasyroman.

Annette Röser,
Vorstandsmitglied Röser AG

„Sich selbst in einer Geschichte wiederzufinden, mag einem wie Ehre vorkommen, es ist aber auch Herausforderung.

Denn dass man einen Text, in dem ‚Bekanntes' eine Rolle spielt, mit anderer Aufmerksamkeit oder gar Wachsamkeit liest als einen Text mit ganz fremden Bildern drin, folgt gewiss natürlichen Verhaltensmustern, auch wenn das ‚Bekannte' erklärtermaßen nur ausgedacht ist.

Dem Autor ist mit diesem Kunstgriff hier seine Aufgabe voll geglückt: mich gruselt ... und wie!

Ich bin froh, dass ‚meine' Geschichte in diesem Buch nicht meine Geschichte ist, und ich hoffe, dass sie es niemals wird! Mir fällt dazu der schöne Satz aus einem alten Song ein; ‚Melanie' sang zu Woodstock-Zeiten: ‚... *wish I could find a good book to live in...*' dafür würde ich mir dann allerdings eine andere Geschichte, ein anderes Buch aussuchen..."

■ Zirkelmord
von Andreas Frey

20. März 2011

Mann wurde grausam hingerichtet

Karlsruhe. In den frühen Morgenstunden des 17. März fanden zwei Passanten die Leiche eines Mannes in der Karlsruher Innenstadt. Der leblose Körper war an ein Verkehrsschild am Zirkel gebunden mit Blickrichtung Marktplatz. Zu den Füßen des Opfers lagen mehrere Bücher, aufgeschichtet zu einem Scheiterhaufen. Die Passanten verständigten die Polizei, die wenig später auch am Tatort eintraf. Ersten Meldungen zufolge handelt es sich bei dem Toten um den lokalen Schriftsteller Felix M. Hauenstein*. Bekannt wurde dieser durch sei-

*Anmerkung: namentliche Übereinstimmungen mit (noch) lebenden oder bereits verstorbenen Personen sind nicht beabsichtigt, sondern rein zufällig.

ne Geschichten – meist Historienromane, die in der Zeit der Hexenverfolgung spielten. Sein Werk „Ich, der Hexentöter" rangierte mehrere Wochen auf Platz eins der Bestsellerlisten im Land. Eine Obduktion soll genaueren Aufschluss über die Todesursache geben. Die Polizei bittet um die Mithilfe der Bevölkerung. Sachdienliche Hinweise können bei jeder Polizeidienststelle abgegeben werden.   *(Konstantin K. Luft)*

16. Oktober 2011
Frauenleiche treibt im Rheinhafen

Karlsruhe. In den frühen Morgenstunden des 10. Oktober fand eine Gruppe von Kanuten der Rheinbrüder Karlsruhe im Rheinhafenbecken 4 beim morgendlichen Training eine Leiche. Der Frauenköper musste nach ersten Ermittlungen bereits Stunden im Wasser getrieben haben, wie ein Sprecher der Polizei nach der Obduktion bekanntgab. Bei dem Opfer handelt es sich um die Karlsruher Schriftstellerin Caroline Wegmeier*. Die Autorin wurde vor allem durch ihre kriminalistischen Abenteuer rund um den Karlsruher Rheinhafen bekannt. Ob es eine Verbindung zum Mordfall Felix M. Hauenstein im März diesen Jahres gibt (Boulevard Baden berichtete) – darüber schweigt man derzeit noch. Die Polizei bittet um die Mithilfe der Bevölkerung. Sachdienliche Hinweise können bei jeder Polizeidienststelle abgegeben werden.   *(Konstantin K. Luft)*

15. Februar 2012
Neue Fährte bei Karlsruher Ritualmorden?

Karlsruhe. Bereits zwei Mordfälle hielten in den vergangenen Monaten die Karlsruher Polizei auf Trab. Dabei handelt es sich um den Tod an Felix M. Hauenstein und Caroline Wegmeier, die beide Opfer eines Gewaltverbrechens wurden (Boulevard Baden berichtete). Felix M. Hauenstein wurde im März 2011 tot im Zirkel aufgefunden. Im Herbst fand man dann die Leiche von Caroline Wegmeier im Karlsruher Rheinhafen. Bei beiden Mordfällen scheint es sich um eine Art Ritualmord zu handeln, da die Opfer, wie in ihren Büchern dargestellt, hingerichtet wurden. Selbst der Aufruf an die Bevölkerung brachte keine Hinweise und so tappte die Polizei bisweilen im Dunkeln. Doch nun ging beim Polizeipräsidium ein anonymer Hinweis ein, der Licht in dieses Dunkel bringen könnte. Wie die Polizei nun Anfang Februar von diesem Informanten erfahren haben soll, waren beide Opfer Mitglieder in einem „geheimen" Autorenzirkel. Dieser Loge sollen nicht nur lokale und regionale Schriftsteller, sondern auch Verleger angehören, die mit Logen anderer Städte die Fäden des deutschen Buchmarktes ziehen. Erste Befragungen von namhaften Karlsruher Autoren, die bereits über die Region hinaus bekannt sind, bewerten diese Aussage jedoch als Märchen und Hirngespinst. Ein Spezialist der Polizei gab hierzu jedoch bekannt, dass solche Logen durchaus denkbar seien. Ein „sich Einkaufen" in diese Zirkel schließt der Polizeiexperte nicht aus, betrachte man die Entwicklung des Buchmarktes der letzten Jahre und die vielen „spontanen" Besteller-Platzierungen. *(Konstantin K. Luft)*

18. März 2012
Lesungsabend im Röserhaus

Karlsruhe. Endlich ist es soweit: am kommenden Mittwoch – 21. März – heißt es wieder „Lesung im Röserhaus". An diesem Abend findet zum mittlerweile fünften Mal die Lesung aus der Boulevard Baden Reihe statt. Das Verlagshaus Röser hatte im Sommer 2011 wieder zum Schreiben aufgerufen. Zahlreiche Texte rund um das Thema „Krimi" wurden eingesandt. Die Jury ermittelte aus den über ein Hundert Einreichungen die Finalisten, die es in die Ausgabe „Karlsruher Boulevard" geschafft haben. Der Sammelband ist seit November 2011 erhältlich und wurde bereits bei der Karlsruher Bücherschau 2011 im Regierungspräsidium am Rondelplatz vorgestellt. Wie auch in den vergangenen Jahren werden die Geschichten durch prominente Paten aus der Region an diesem Abend gelesen, so Geschäftsführer Steffen Lüderwald. Mit dabei sind unter anderem der Generalintendant des Badischen Staatstheaters Karlsruhe – Peter Spuhler – sowie Neue Welle Moderatorin Wanja. Beginn ist um 19 Uhr im großen Saal des Röserhauses (Mendelsohnplatz gegenüber Scheck-in Center). Der Eintritt ist frei. Es wird jedoch um eine telefonische Reservierung unter 0721-933 80 20 gebeten, da die Anzahl der Plätze begrenzt ist. *(Tanja Rastätter)*

21. März 2012

Der Tag hatte bereits schmuddelig begonnen und ließ den Frühling noch weit entfernt erscheinen. Wind und Regen lieferten sich ein unentwegtes Stelldichein. Der Himmel war dunkel und wolkenverhangen, als würde die Welt gleich untergehen. An diesem ungemütlichen Abend kamen nun nach und nach die ersten Gäste ins Röserhaus. Kaum waren die Besucher unter dem Vordach des Haupteingangs, wurden die Schirme geschlossen und man freute sich bei stark sinkenden Temperaturen auf die behagliche Wärme, die man sich durch die große Glastür mit ihren massiven Flügeln aus dem Inneren versprach. Auf einem Stehtisch beim Eingang flackerte ein kleines Flämmchen eines Teelichts, das wie auf einem verlorenen Posten versuchte, sich gegen die Dunkelheit aufzubäumen. Kleine Rinnsale flossen von den Schirmen herab und tropften zu Boden, ebenso wie die Wassertropfen auf dem schwarzen Perlonmantel einer Dame. Am Eingang hatten die Auszubildenden des Röserhauses einen Tisch aufgebaut, an dem man noch ein Exemplar des „Karlsruher Boulevard" erwerben konnte. In kleinen Grüppchen standen die Gäste nun im Foyers, des imposanten Gebäudes. Man konnte bis zum Dach hinaufblicken, erkannte die Balkone der einzelnen Etagen und den gläsernen Fahrstuhl, der elegant seinen Weg vom dritten Stock herunter zu schweben schien. An Bord waren Annette Röser und Steffen Lüderwald, die gerade von ihren Büros den Weg ins Foyer fanden. Auf zwei runden Tischen standen Getränke für die Gäste bereit. Die Gläser befanden sich zu einer Pyramide aufgetürmt in der Mitte des Tisches, während die kleinen Getränkeflaschen einen Kreis darum bildeten. Ein schmaler Rand blieb noch frei, um ein Glas abzustellen und sich einschenken zu können. Der große Zeiger der Uhr näherte sich immer weiter der „6" und allmählich schritten die Damen und Herren in den großen Saal. Ein letztes Mal blickte sich Geschäftsführer Steffen Lüderwald suchend um, denn er vermisste noch einen Paten des heutigen Abends. Ein Nachfragen bei den Auszubildenden, die den Büchertisch anboten, ergab ebenfalls, dass ein Pate noch fehlte. Es folgte ein kritischer Blick auf die Uhr. Doch dann machte auch er sich auf in den Saal, um die Veranstaltung zu eröffnen.

19.31 Uhr

Die letzten Besucher des Lesungsabends, die gerade noch eintrafen, hatten Mühe, ihren Schirm noch in einen der Ständer zu bekommen oder ihre Mäntel und Jacken in der Gardarobe abzulegen. Und so nahmen manche ihre durchnässten Mäntel mit sich in den Saal. Die ersten beiden Reihen waren bereits traditionell für die Autoren und deren prominente Paten reserviert. Nachdem nun fast alle Platz genommen hatten, betrat Geschäftsführer Steffen Lüderwald die kleine Bühne. Ruhe kehrte ein.

19.43 Uhr

Während im Saal die erste Kurzgeschichte zu Gehör gebracht wurde, räumte Simone F.*, Auszubildende bei Röser, gerade die bereits benutzen Gläser weg, als es an der hinteren Lieferantentür klopfte. Sie blickte sich um, doch außer ihr war momentan niemand im Foyer zu sehen. Langsam schritt sie auf die Tür zu. Der Regen preschte gegen die Scheibe. Sie erkannte einen Mann mit weißem

Hemd, Krawatte und einer Schürze. Hinter ihm stand ein weißer Kastenwagen mit einer Aufschrift, die sie allerdings schlecht lesen konnte. Mit Handzeichen gab sie dem Mann zu verstehen, dass sie ihm leider nicht helfen könne und er doch bitte nach vorne zum Haupteingang kommen solle. Der Mann schüttelte den Kopf. Sein Haar war bereits nass und auch das weiße Hemd beginnt schon auf seiner Haut zu kleben. Er deutete auf die Stickerei seiner Schürze. Irgendetwas mit Catering stand da, soviel konnte Simone F. erkennen. Der Mann deutete auf seine Uhr. Keine Zeit, keine Zeit, keine Zeit. Und so öffnete Simone F. die Tür. Der Mann machte einen Schritt herein und bedankte sich. Er erklärte ihr, dass er das Catering bringe. Simone F. wusste zwar im ersten Moment nichts von einem Catering, dachte sich aber, dass dies schon seine Richtigkeit haben werde. Mit Wassertropfen übersät reichte er ihr ein Klemmbrett mit einer Art Lieferschein und bat sie, den Empfang zu quittieren, während er die Sachen aus dem Auto hole. Simone F. studierte den Lieferschein und ein freudiges Lächeln machte sich auf ihrem Gesicht breit, als sie „Tomaten-Mozzarella-Spießchen" las. Ohne langes Nachdenken unterschrieb sie. Der Mann schob unterdessen einen ausklappbaren Tisch auf Rollen herein, über dem ein bordeaux-farbenes Tuch lag. Er schob seine Lieferung ins Foyer bis ungefähr zur Mitte auf Höhe der Tür zu den Toiletten. Simone F. reichte ihm das Klemmbrett und machte sich dann auf nach vorne, um noch ein paar Gläser abzuräumen. Tomaten-Mozzarella-Spießchen, dachte sie vor sich hin.

20.03 Uhr

Im Saal betrat gerade Annette Röser die Bühne. Sie ist Patin für die Gewinnergeschichte von Andreas Frey. In seiner kriminalistischen Erzählung geht es um eine Mordserie in Karlsruhe, bei dessen Opfer es sich um Autoren handelt, die angeblich einem geheimen Autoren-Zirkel angehören. Mitten in diesem Vortrag stand eine Frau auf, drückte ihrem Mann den Mantel hin und schritt mit ihrer Handtasche in Richtung Tür, um kurz auf die Toilette zu gehen. In just diesem Moment, als die Dame die Türklinke heruntergedrückte und die Tür nach außen aufschob, zog Simone F.

das Tuch weg, welches über dem Tisch mit dem Catering lag. Ein Schrei erfüllte das Foyer. Ein Schrei, in dem Entsetzen und Schock lagen. Ein Schrei, der einem in Mark und Bein fahren konnte. Ein Schrei, der bis in den Saal drang. Abrupt verstummte Annette Röser mitten im Satz. Ein zweiter Schrei war zu hören. Die Frau, die gerade auf dem Weg zur Toilette war, ließ vor Schreck ihre Handtasche zu Boden fallen und hielt sich fassungslos die Hände vors Gesicht. Die ersten Besucher standen von ihren Stühlen auf und drängten sich ins Foyer. Jedem einzelnen war der Anblick, der sich ihnen bot als Grauen ins Gesicht geschrieben: Auf dem Tisch, der vor wenigen Minuten von einem Catering-Service angeliefert wurde, lag eine Leiche. Wo keine lecker garnierten Häppchen den leblosen Körper bedeckten und die Haut zum Vorschein kam, konnte man eine Schrift erkennen, mit der der Leichnam überzogen war. Nun endlich kamen auch Steffen Lüderwald und Annette Röser ins Foyer geeilt und blickten auf eine männliche Leiche, hergerichtet wie ein übergroßes Spanferkel. Fassungslos standen alle da und blickten auf den Tisch. Simone F. wich einige Schritte zurück und ließ sich dann auf dem Boden nieder. Das bordeaux-farbene Tuch glitt aus ihrer Hand zu Boden. Und wie könnte es bei einem solchen Abend anders sein, war die Presse vor Ort und erste Blitze durchzuckten das Foyer des ehrwürdigen Röserhauses. Einen Moment später löste sich Steffen Lüderwald aus seiner Starre und schritt in Richtung Haupteingang, um vom Empfang aus die Polizei zu verständigen. Annette Röser lief schnellen Schrittes hinter Herrn Lüderwald her, während Tanja Rastätter und ihr Kollege mit dem Foto – Konstantin K. Luft – die Besucher freundlich aufforderten, wieder ins Innere des Saales zu gehen, bis die Polizei eintrifft. Aus der Stille, die gerade noch geherrscht hatte, wurde ein brodelndes Meer aus Getuschel. Köpfe wurden zusammengesteckt. Handys gezückt. Handtaschen nach Taschentüchern durchwühlt.

20.28 Uhr
Mit Blaulicht und Sirenen kamen die Polizeieinsatzkräfte vom Präsidium Karlsruhe über die Baumeisterstraße zum Mendelsohnplatz herangesprescht.

20.35 Uhr

Polizeibeamte und Mitarbeiter der Spurensicherung sicherten den Tatort – das Foyer. Wieder zuckten Blitze durch die Halle und reflektierten sich in den vielen Glaselementen des Gebäudes.

20.43 Uhr

Die große gläserne Flügeltür des Haupteingang öffnete sich erneut: Kommissar Jürgen Reidwerder* – von seinen Kollegen nur „J.R." genannt – betrat das Foyer. Seinen Spitznamen hatte er aufgrund eines Bildes in seinem Büro, das ihn hoch zu Ross mit einem Cowboyhut zeigte. Auf diesem Bild trug er ein Lächeln im Gesicht, das an diesem Abend allerdings weit entfernt war. Mit fast schon finsterer Miene schritt er auf Steffen Lüderwald, Annette Röser und Simone F. zu, die sich bereits schon in Gesellschaft seiner Kollegen befanden. Mit Handschlag begrüßte J.R. Annette Röser, Steffen Lüderwald und anschließend Simone F. Die beiden Beamten gaben ihre bisher zusammengetragen Informationen an den Kommissar weiter, der dabei seinen Blick durch das Foyer und in Richtung der oberen Stockwerke gleiten ließ. Bei dem Satz „..hat sie dem vermutlichen Täter die Tür geöffnet..", wandte er sich schlagartig der kleinen Gruppe zu. Seine Augen ruhten nun auf Simone F., die schon leicht zitterte und deren verheulte Augen stark gerötet waren. Kaum trafen sich die Blicke von ihr und J.R., begann sie, sich sofort zu rechtfertigen und schluchzte vor sich hin. Tröstend legte Annette Röser ihren Arm um die junge Auszubildende. J.R. ordnete unverzüglich an, die Aussage von Simone F. zu Protokoll zu bringen. Bei diesen Worten hatte Simone das Gefühl, als drehe sich ihr Magen gleich zum zweiten Mal an diesem Abend um. Eine Aussage zu Protokoll bringen kannte sie bisher nur aus dem Fernsehen. Meist nimmt sich der Inspektor die zuerst vor, die er unter Verdacht hat. Oh mein Gott, denkt er, dass ich etwas mit der Sache zu tun habe, ging es Simone durch den Kopf. Ihre Gedanken rasten. Ihre Knie wurden weich und sie knickte leicht zusammen. Steffen Lüderwald packte die junge Frau am Oberarm. Gestützt vom Geschäftsführer und einem Beamten wurde sie zu der Sitzgruppe hinter dem Empfangstresen gebracht, wo sie sich auf das kalte schwarze Leder niederließ. Annette Röser brachte der Auszubildenden ein Glas Wasser und ließ sich dann ebenfalls auf einem der Ledersessel nieder. Ein Beamter zückte Block und Stift und begann mit seinen Fragen, die vornehmlich an Simone F. gerichtet waren.

Beamter: „Nun Frau F., dann erzählen Sie uns bitte mal, wie sich der Tathergang aus ihrer Sicht zugetragen hat."

Simone F. wurde es plötzlich wieder mulmig zumute, als sie ihren Namen mit den Wörtern „Tathergang" und „zugetragen" in ein und demselben Satz hörte. Sie schnäuzte sich ein weiteres Mal und wischte sich die Tränen aus dem Gesicht.

Simone F.: „Also, ich hab so gegen fünf Feierabend gemacht und bin dann noch kurz rüber zum Einkaufen. Da war…"

Der Beamte fiel Simone F. ins Wort, was sie leicht zusammenschrecken ließ.

Beamter: „Schildern Sie mir bitte ab dem Zeitpunkt, ab dem die Veranstaltung heute begonnen hat!"

Wieder schluchzte Simone F. und eine weitere Träne kullerte über ihre Wange.

Simone F.: „Okay. Also ich hab hier mit den anderen Mädels den Tisch aufgebaut und die Teelichter angezündet. Als dann alle im Saal waren, musste einer ja die leeren Gläser wegräumen und das hab ich dann gemacht. Ich hab die Gläser dann alle auf's Tablett gestellt und wollte gerade zur Tee-Küche laufen, als jemand gegen die Scheibe geklopft hat. Ich hab dann erst mal geschaut, wo das herkommt und dann hab ich jemanden an der hinteren Tür entdeckt. Ich hab dann mein Tablett abgestellt und bin dann nach hinten. Der Mann wollte, dass ich die Tür aufmache, aber das hab ich nicht gemacht. Ich …"
Wieder fiel ihr der Beamte ins Wort.
Beamter: „Moment, ich dachte, sie haben den Mann hereingelassen?"

Simone F.: „Ja, aber da noch nicht. Ich hab ihm angedeutet, dass er nach vorne kommen soll. Doch er hat mir einen Catering-Lieferschein gezeigt – also gegen die Scheibe gedrückt – und dass er unter Stress stehe und keine Zeit hat. Und …"

Beamter: „Und da haben sie ihm dann aufgemacht!"

Bei diesem Satz, den der Beamte für sie beendet hatte, brach Simone F. wieder in Tränen aus.

Simone F.: „Ja, ich weiß, ich hätte das nicht tun dürfen, aber ich dachte halt einfach, dass der dazugehört. Und der hat mir ja auch einen Lieferschein entgegengestreckt und so. Und dann tat er mir auch leid, dass er da so im Regen stand, so total durchnässt."

Beamter: „Verstehe, er tat ihnen Leid. Und was geschah dann?"

Simone F.: „Also, dann hab ich da den Lieferschein angeschaut und gesehen, dass das Catering für Röser ist und dann hab ich geschaut, was da alles drauf steht."

Beamter: „Und was stand so alles drauf?"

Simone F.: „Also, unter anderem Tomaten-Mozzarella-Spießchen."

Der Beamte zog seine Augenbrauen nach oben, während er dies aufschrieb und dabei explizit die Tomaten-Mozzarella-Spießchen betonte. Dann wandte er seinen Kopf leicht zur Seite in Richtung Simone F. und unterzog sie einem äußerlichen Check, wobei sein Blick einen Moment auf ihrer Hüfte ruhte. Wie wenn Simone F. die Blicke des Beamten spüren würde, verfiel sie auf's Neue in einen Tränenausbruch. In diesem Augenblick legte Annette Röser trostspendend ihren Arm um die Auszubildende und wandte sich an den Beamten.

Frau Röser: „Finden sie nicht, dass das alles ein bisschen viel ist. Die Ärmste steht ja noch völlig unter Schock!"

Der Beamte schaute Annette Röser mit einem durchdringenden Blick an. Nach einem tiefen Seufzer erhob er sich schließlich. Da wandte sich Herr Lüderwald an den Beamten und zog dessen Aufmerksamkeit auf sich.

Herr Lüderwald: „Herr Reidwerder – ich meine der Verstorbene – wäre heute Abend einer der Ehrengäste gewesen. Ich habe mich auch noch gewundert, dass er um halb acht noch nicht da war, denn das ist – war – normalerweise nicht seine Art."

Mit einem Kopfnicken nahm der Beamte die Aussage zur Kenntnis.

Beamter: „Ich komme dann später noch einmal."

Und so kehrte er den Dreien den Rücken zu und lief auf seine Kollegin zu, die neben J.R. in der Nähe des Tatorts stand. Das Klacken seiner Schuhe verblasste mit jedem Schritt, mit dem er sich von Annette Röser, Simone F. und Steffen Lüderwald entfernte.

25. März 2012
Mordfall überschattete Lesungsabend

Karlsruhe. In den Abendstunden des 21. März ereignete sich beim Lesungsabend zu „Karlsruher Boulevard" im Verlagshaus Röser am Mendelsohnplatz ein schrecklicher Zwischenfall. Während des Abends transportierte ein als Catering-Unternehmen getarnter, bisher noch Unbekannter, eine Leiche in das Gebäude. Der leblose Körper wurde von einer Auszubildenden des Verlagshauses entdeckt. Wie die Autopsie jetzt ergab, war der Mann bereits zwei Tage tot. Nach ersten Angaben konnte ein Phantombild des vermutlichen Täters erstellt werden.

Täterbeschreibung: Der Mann ist ungefähr 1,70 bis 1,80 Meter groß; hat dunkle Haare, vermutlich mittellang, zu einem Pferdeschwanz gebunden; dunkle große Augen; sch-

male Augenbrauen; er spricht ein ak-
zentfreies Deutsch; während des Tathergangs trug er ein weißes Hemd mit
schwarzer Krawatte und eine schwarze
Hose.

Die Polizei startete noch am selben
Abend einen Großeinsatz und fordert
die Bevölkerung auf, sachdienliche Hin-
weise an jede Polizeidienststelle zu melden. Bei dem Opfer
handelt es sich um Michael „M" Müntzbauer*, der im Jahr
2010 mit seinem Debüt „Menschenfresser – Der Kannibale
aus Baden" für Aufsehen sorgte und zeitweise in den Bestsellerlisten nur wenige Plätze hinter „Deutschland schafft sich
ab" und „Feuchtgebiete" rangierte. Nach nun drei Morden
schließt die Polizei einen Zusammenhang zwischen dem Fall
Felix M. Hauenstein (im März 2010) und dem Fall Caroline
Wegmeier (im Oktober 2010) nicht mehr aus. Über beide
Fälle berichtete Boulevard-Baden ausführlich. Der damalige
Hinweis auf einen geheimen Autoren-Zirkel wurde von der
Polizei wieder aufgegriffen. Gibt es ihn wirklich – diesen
Zirkel? Und wer steckt hinter diesen grauenhaften „Ritual-
morden"? *(Konstantin K. Luft)*

Andreas Frey ■
Nach der Veröffentlichung der Kurzgeschichte „Das Licht"
intensivierte der Pfinztäler Andreas Frey die Schreiberei und
so kamen neben Büchern und Kurzgeschichten auch Dreh-
bücher hinzu. Mit seinem Werk „Akte 24/12 – The untold
story about Christmas" war er im vergangen Jahr auf der
Frankfurter Buchmesse und der Karlsruher Bücherschau vertreten. In seiner Freizeit widmet sich der Autor seinen Hobbys
Musik, Kino, Lesen und natürlich dem Schreiben. Als näch-
stes Projekt möchte er einen Fantasy-Roman in Angriff nehmen. „Ich habe mich sehr gefreut, als ich erfahren habe, dass
meine Geschichte für den Sammelband ‚Konstantins Boulevard' ausgewählt wurde", sagt Frey.

Bernd Gnann,
Geschäftsführer des Kammertheaters Karlsruhe

„Frau Klante siedelt ihre Feuerteufel-Geschichte mitten in Karlsruhe an. Durch tatsächlich passierte Brände und fiktionale Katastrophen fädelt sie die Handlung in das aktuelle Geschehen der Stadt ein. ‚Dance into the fire' zeigt eine innerfamiläre Geschichte, die niemandem zu wünschen ist."

■ Dance into the fire
von Christiane Klante

Rein äußerlich betrachtet wirkten die beiden Mittvierziger, Tatjana und Georg Konrad, wie ein perfektes Bilderbuchehepaar. Ihre beiden Kinder, Raphael und Emma, rundeten diesen Eindruck einer glücklichen Familie ab, die unauffällig in einem kleinen Reihenhaus in Karlsruhe-Rüppurr lebte.

Doch wie so oft, trog auch hier der äußere Schein.
Das nach außen nahezu perfekte Familienidyll sollte bald ins Wanken geraten.

Aus dem Erdgeschoss des Hauses loderten bereits die Flammen. Die Feuerwehr kämpfte sich mühsam ins Innere des Hauses. Eine Etage höher bot sich den mittlerweile ebenfalls eingetroffenen Polizisten und Rettungssanitätern ein grauenhaftes Bild: Ein Mann mittleren Alters lag blutüberströmt in der Badewanne. Sein Oberkörper hing schlaff über dem Badewannenrand und es roch stark nach Erbrochenem. „Lebt der Mann noch?", wollte Kommissar Julius Oppermann von dem jungen Notarzt wissen, welcher den Mann gerade untersuchte. „Ja, er atmet noch, aber er hat das Bewusstsein verloren", antwortete dieser, nachdem er dessen Vitalfunktionen überprüft hatte und nun damit beschäftigt war, die Blutungen an den aufgeschlitzten Pulsadern zum Stillstand zu bringen. Nachdem die Wunden notdürftig versorgt waren, transportierten die Sanis den noch immer bewusstlosen Mann auf einer Trage in den Rettungswagen und fuhren den schwer verletzten Patienten mit Blaulicht und Sirene ins nächste Krankenhaus.

„Seltsam, dass sonst niemand hier im Haus anzutreffen ist", brummte Kommissar Oppermann in Richtung seiner Kollegen. Kopfschüttelnd verließ er das Haus. „Was die Leute mitten in der Nacht nur immer so treiben", murmelte er grantig vor sich hin. Er reagierte stets stinksauer, sobald er wieder einmal wegen eines derartigen Vorkommnisses um seine wohlverdiente Nachtruhe gebracht worden war. Nun würde er stundenlang unruhig in seinem Wohnzimmer auf- und abgehen, um über den möglichen Tathergang zu sinnieren. So war das immer, wenn ein Mordfall oder wie in diesem Fall, ein Mordversuch, vorlag.

Gerade wollte er in seinen schon in die Jahre gekommenen, schwarzen 5er Turbo-Diesel-BMW einsteigen, da hörte er hinter sich, wie jemand seinen Namen rief. Er drehte sich kurz um und wusste sofort, um wen es sich hier handelte. „Tinchen, du alte Nachteule, kannst wohl nicht schlafen, was?" rief er der jungen Frau entgegen, die lediglich im Nachthemd bekleidet auf ihn zu eilte. „Nenn mich nicht immer Tinchen, du oller Griesgram!", kam die prompte Antwort. „Du weißt ganz genau, dass ich diese Verunglimpfung meines Namens nicht ausstehen kann." „Meine Güte, du bist noch immer so pingelig wie früher!", grinste Julius. „Dank meiner Hilfe konnte der arme Mann gerade noch rechtzeitig gerettet werden", entgegnete die Frau in spitzem Tonfall. „Also, Miss Marple, äh, meine liebe Christina", stöhnte Julius genervt, „was hast du dich denn hier wieder einzumischen? Das geht dich doch überhaupt gar nichts an!" „Und ob mich das etwas angeht!", schnaubte Christina. „Du, als mein alter Schulfreund müsstest doch wissen, dass ich mich grundsätzlich für jedes Verbrechen interessiere, zumal es auch noch in der Nachbarschaft geschehen ist." Mit einem tiefen Seufzer antwortete Julius: „Ja, ja, ich weiß es, leider". „Christina Markovich, mein Jugendschwarm aus der Oberstufe", stellte er sie seinem mittlerweile hinzugekommenen Kollegen vor. Christina wollte gerade erneut dazwischen funken, aber sie konnte Julius' Redefluss nicht unterbrechen. „Frau Markovich", erklärte Julius dem erstaunten Kollegen mit einer pathetischen Handbewegung, „liebt alles, was mit Krimis und mysteriösen Fällen zu tun hat. Das war schon in der Schule so. Nur mich hat sie leider immer verschmäht." „Ach, du alter Spinner", mischte sich Christina nun lächelnd ein. „Glauben Sie ihm kein Wort", wandte sie sich direkt an den jungen Polizisten, der das Gespräch mit einem Augenzwinkern verfolgt hatte. „Du schaust noch immer zum Anbeißen aus", fuhr Julius fort, „besonders das neckische Nachthemd betont deinen Luxuskörper nur allzu gut." Erschrocken bemerkte Christina jetzt erst, dass sie nichts weiter trug außer ihrem dünnen Negligé. Ohne Morgenmantel war sie barfuß auf die Straße gelaufen. Nun registrierte sie, wie ihr allmählich abwechselnd heiß und kalt zumute wurde. Die Zornesröte stieg ihr ins Gesicht. „Das ist wirklich mal wieder das Einzige, was du bemerkst, du Chauvi!", schleuderte sie ihm wütend entgegen. „Statt dich um diesen ungewöhnlichen Mordfall zu kümmern, hast du deine Augen mal wieder überall, nur nicht dort, wo sie hingehören!". Julius lächelte süßsauer. „Ja, so temperamentvoll ist sie eben, mein Tinchen, äh", er räusperte sich, „ich meine natürlich, die liebe Frau Markovich, nicht wahr?" Verstohlen beobachtete er ihre Reaktion aus den Augenwinkeln heraus. „Du gefällst mir eben, wenn du so in Rage bist und deine Bäckchen vor Aufregung glühen." „Wenn etwas glüht, dann dein lüsterner Blick. Willst du denn nicht endlich wissen, was passiert ist?", versuchte Christina geschickt, das Gespräch auf eine etwas sachlichere Ebene zu lenken. „Erzähl nur, wir sind ganz Ohr!", nickte Julius ihr zu und sein junger Kollege konnte sich ein süffisantes Grinsen nicht verkneifen. Mit aufgeregter Stimme und mit den Händen wild gestikulierend berichtete Christina den beiden Herren in Zivil, was sich laut ihrer Kenntnis zugetragen hatte.

Christina Markovich, eine hübsche Frau Anfang 40, von der Nachbarschaft heimlich nur als „Miss Marple des 21. Jahrhunderts" tituliert, steckte ihre neugierige Spürnase einfach überall hinein, sobald sie irgendwo nur den Hauch eines Verbrechens zu erahnen glaubte. Darauf angesprochen erklärte sie, das gehöre zu ihrem Beruf. Als allzeit aktive Mitarbeiterin bei Boulevard Baden müsse sie schließlich immer „up to date" sein.

In jener ereignisreichen Vollmondnacht konnte sie wieder einmal nicht richtig schlafen. Ihre rastlosen Gedanken kamen einfach nicht zur Ruhe. Vergeblich wälzte sich Christina im Halbschlaf im Bett hin und her. Plötzlich vernahm sie ganz in der Nähe ein leises Rufen. Sie stand auf, denn sie wollte ohnehin ein wenig frische Luft schnappen. Leise öffnete sie das Schlafzimmerfenster und beugte sich soweit sie es vermochte hinaus in die kühle, wenn auch neblige Nachtluft.

Was war das?

Bei den Nachbarn nebenan roch es so komisch. Sonst war alles dunkel und still. Rief von dort jemand um Hilfe? Ob eines der Kinder schlecht geträumt hatte? Christina wollte bereits wieder das Fenster schließen und sich in ihr gemütliches französisches Bett hineinkuscheln, da registrierte ihr wacher Verstand die züngelnden Flammen, welche aus dem Untergeschoss des Nachbarhauses loderten. So schnell wie möglich rief sie die Polizei, denn sie traute der Sache nicht. Hier musste etwas Schreckliches passiert sein!

Nur wenige Minuten später trafen die Feuerwehr samt Rettungswagen und Notarzt ein. Christina erwartete sie bereits auf der Straße, um festzustellen oder mit ihren Worten gesagt, zu recherchieren, was passiert war. Mittlerweile stand der untere Teil des Hauses bereits vollkommen in Flammen. Christina versuchte den Männern zu folgen. Doch die Rettungskräfte schoben sie einfach zur Seite. „Stell dir vor, die sagten doch tatsächlich zu mir, ich sei ein Sicherheitsrisiko, da ich ihnen im Weg stehen würde. Dabei versuchte ich doch nur zu helfen. So eine Unverschämtheit", schloss sie empört ihren Bericht. „Die Kollegen haben das schon richtig gemacht, Christina!", erwiderte Julius mit dem erhobenen Zeigefinger mahnend zu Christina gewandt: „Es hätte dir da drin sonst etwas passieren können, verstehst du das nicht? Das war nur zu deiner Sicherheit!" „Pah, meine Sicherheit, dass ich nicht lache..!" „Du gehst jetzt erst mal schnell in dein Bett zurück, sonst holst du dir nur unnützerweise eine Erkältung, meine Liebe." Besorgt legte er den Arm um Christinas nackte Schultern und begleitete sie bis zur Haustür. „Du hältst mich aber auf dem Laufenden, okay?", säuselte Christina. „Ja, mein Herz, selbstverständlich werde ich das machen", antwortete Julius in besänftigendem Tonfall. „Den Teufel werde ich tun, diese neugierige Pseudo-Hobbykriminalistin soll mir bloß aus dem Weg gehen, sonst...", murmelte er leise vor sich hin. „Gute Nacht und süße, mörderische Träume", flötete Christina zuckersüß. „Ich wünsche dir auch eine gute Nacht", erwiderte Julius kurz angebunden und stieg danach schnell in seinen Wagen ein bevor sie noch weiterreden konnte.

Als der Patient am nächsten Morgen erwachte, dauerte es einige Zeit bis er allmählich registrierte, wo er sich befand. Er vermochte sich an überhaupt nichts zu erinnern, was in der vergangenen Nacht, geschweige denn in der Zeit davor, geschehen war. Die Ärzte erklärten ihm, dass dieser beklemmende Zustand vollkommen normal sei.

Nach zwei quälend langen Tagen stand eine fremde Frau an seinem Bett, die behauptete, sie sei die nette Nachbarin von nebenan. Aber so sehr er sein Hirn auch anstrengte; an eine angeblich nette Nachbarin konnte er sich im Moment nun wirklich nicht erinnern. Sie plapperte in einem fort und fragte ihn nach seiner Frau Tatjana und den Kindern. Er ließ sie einfach reden, was blieb ihm auch anderes übrig. Und plötzlich schoss es ihm wie ein Blitz durch den Kopf: Die Frau war die neugierige Nervensäge aus dem Haus rechts nebenan, die immer alles ganz genau wissen wollte.

„Sie sind Frau Markovich, nicht wahr?" „Schön, dass Sie sich sogar an meinen Namen erinnern, Herr Konrad", antwortete sie gerührt. „Aber wie heiße ich?", fragte er nachdenklich zurück. „Georg Konrad, aber das wissen Sie doch, oder? Mit großen Augen starrte er sie fassungslos an. „Nein, das weiß ich nicht oder besser gesagt, nicht mehr!", stöhnte er. „Bitte gehen Sie jetzt, ich kann nicht weiter mit Ihnen darüber diskutieren. Ich bin so müde!" Mit solch einer eigenartigen Reaktion hatte Christina nicht gerechnet. Hastig verabschiedete sie sich und eilte nach draußen. „Seine Verletzungen sind wohl doch schwerer, als ich dachte". Ihren Gedanken nachhängend, verließ sie das Krankenhaus.

Auf dem Heimweg arbeiteten Christinas berühmt berüchtigte graue Zellen auf Hochtouren. Wo war Tatjana und wie konnte sie ihren Mann jetzt einfach im Stich lassen? Und wieso war sie überhaupt seit der Brandnacht wie vom Erdboden verschluckt? Und vor allem, wo waren die beiden Kinder?

Das Haus stand seit jener schrecklichen Nacht leer. Die Polizei hatte den Zugang versiegelt und die Eingangstür notdürftig verschlossen. Seither herrschte gespenstische Stille in dem seltsamen Haus. Kein Kinderlachen drang mehr an Christinas Ohr. Dieser Fall wurde immer mysteriöser!

Kaum war der Mann nach einer albtraumschweren Nacht im Klinikbett zu sich gekommen, konnte er sich zumindest daran erinnern, dass er mit Vornamen Georg hieß. Ansonsten herrschte in seinem Kopf noch immer eine dumpfe Leere.

In den darauf folgenden Tagen tauchten immer wieder einzelne Erinnerungsfetzen in ihm auf. Einem großen Puzzle gleich, versuchte er krampfhaft, sein lückenhaftes Gedächtnis Stück für Stück zurückzugewinnen. Dazwischen gab es jedoch immer noch große, dunkle Lücken.

Kommissar Oppermann war sofort zur Stelle, nachdem die Ärzte ihm mitgeteilt hatten, dass der Patient vernehmungsfähig sei. Aber leider konnte Georg dem Kommissar nicht allzu viel sagen, was Julius der Aufklärung des Falles hätte näherbringen können. Georg erzählte von seiner Frau und den beiden Kindern, über deren Verbleib Georg jedoch selbst nichts Näheres wusste. Bezüglich des genauen Tathergangs in der Brandnacht vermochte er dem Kommissar auch zu keinerlei neuen Erkenntnissen zu verhelfen. Georg erzählte lediglich, dass er in jener schicksalhaften Nacht in der Badewanne liegend aufgewacht sei, nachdem seine Schmerzen immer unerträglicher wurden. „Kaum hatte ich meine schweren Augenlider geöffnet, erkannte ich mein verzerrtes Spiegelbild in dem großen Wandspiegel gegenüber der Wanne", berichtete er stockend. Georg würgte. „Bei all dem Blut um mich herum wurde mir sterbenselend und ich musste mich übergeben. Mit letzter Kraft öffnete ich das kleine Badezimmerfenster direkt über mir und rief so laut ich konnte um Hilfe. Danach weiß ich nichts mehr. Das Schicksal meinte es wohl dennoch gut mit mir?", versuchte er einen Scherz zu machen und beendete damit seinen knappen Bericht. Trotz weiterer bohrender Fragen war nichts Verwertbares aus ihm herauszukriegen, wie Julius enttäuscht feststellen musste. Also wünschte er dem Patienten gute Besserung und verließ nachdenklich das Krankenhaus.

Georg hatte überlebt. Das war aber auch schon alles. Allmählich kehrte sein Gedächtnis zwar wieder zurück, aber dadurch wurde ihm seine ganze tragische Situation immer schmerzlicher bewusst. Sein Leben glich einem einzigen Chaos.
Georg fühlte sich seines bisherigen Lebensglücks beraubt. Verzweifelt grübelte er darüber nach, was hier gespielt wurde.

Nach seiner Entlassung aus dem Krankenhaus wollte er zunächst seine Frau und vor allem seine beiden Kinder so schnell wie möglich wiederfinden. Was war nur mit ihnen geschehen?

Zwei Tage später bot Christina dem mit der Situation völlig überforderten Georg an, ihm beim Aufräumen der fast total ausgebrannten Zimmer im Erdgeschoss zu helfen. Widerwillig nahm er ihre Hilfe an. Tapfer kämpfte sich Christina durch die verkohlten Überreste dessen, was vor dem Brand einmal das Wohnzimmer und die Küche gewesen waren. Und, oh Wunder, hinter der Küchentür hing tatsächlich ein kleines Wandschränkchen, das vollkommen intakt zu sein schien und von dem verheerenden Brand offensichtlich verschont wurde. Außen befand sich ein gut lesbarer Aufkleber; darauf stand: „Rechnungen und Krimskrams". Bei genauerem Hinschauen sah der Schrank so aus, als ob hier wohl lange nichts mehr richtig aufgeräumt wurde. Die Schubladen quollen fast über an wahllos hineingestopften Papieren und allem möglichen Kram. Freudig rief Christina nach Georg, um ihm voller Stolz ihre Entdeckung zu zeigen. Gemeinsam räumten sie jede Schublade komplett aus, in der Hoffnung, etwas zu finden, was für Georg wichtig sein könnte.

Und überraschenderweise fand Christina kurz darauf auch etwas sehr Interessantes. Nur leider brachte dieses Fundstück

Georgs heile Welt vollends zum Einsturz! Es handelte sich offensichtlich um einen Stapel von Liebesbriefen, die sorgsam mit einem violetten Band zusammengeschnürt waren.

Georg interessierte sich zunächst nur für die ausländischen Briefmarken. Gerade versuchte er, diese ganz vorsichtig von den Briefumschlägen abzulösen, als plötzlich eine Karte aus dem Umschlag herausfiel. Nun war Georg doch neugierig geworden und begann deren Inhalt zu lesen. Christina bemerkte, wie Georgs Gesichtsausdruck immer mehr erstarrte. Jegliche Farbe war aus seinem Gesicht gewichen und seine Miene geriet zu einer erstarrten Fratze. Wütend riss er Christina die anderen Briefe aus der Hand und schrie sie an, sie solle endlich verschwinden. Beleidigt und verunsichert verließ Christina das Haus.

Am nächsten Abend klopfte es leise an Christinas Terrassentür. Mit schuldbewusster Miene stand Georg vor ihr. Vorsichtshalber öffnete Christina die Tür lediglich einen Spalt weit, denn sie rechnete mit einer weiteren, unkontrollierten Reaktion Georgs. Doch stattdessen bat er sie inständig um Verzeihung für seinen cholerischen Anfall am gestrigen Abend. Christina, immer noch etwas verschnupft, bat ihn daraufhin mit einer seltsamen Vorahnung zu sich herein.

Mit bebender Stimme, die nur schwer seine innere Erregung verbarg, berichtete er der überraschten Christina, weshalb er am Vortag derart aus der Haut gefahren war. „Bei den unerwartet aufgetauchten Briefen handelte es sich ausschließlich um Liebesbriefe. Aber leider war nicht ich der Absender, sondern ein Mann namens Joshua aus Burundi. Was hatte meine Frau mit einem Mann aus Afrika zu schaffen? fragte ich mich." Georg holte tief Luft, dann fuhr er fort. „Und wie sich beim weiteren Lesen herausstellte, verbarg meine Frau bislang ganz geschickt ein sündiges Geheimnis vor mir: Dass sie eine Affäre mit einem Afrikaner hat, ist schon schlimm, aber dass ihr Auserwählter Priester ist, setzt dem Ganzen die Krone auf! Da staunen Sie, was?" Bevor Christina irgendetwas erwidern konnte, sagte er verbittert vor sich hin: „Nun wird mir einiges klar!" Nach einer Pause fügte er leise hinzu:

„Und mir spielte Tatjana die Unschuld in Person vor. Ich Depp ahnte natürlich nichts von ihrer Affäre, geschweige denn, welches perfide Spiel hier gespielt wurde. Ich spürte nur, dass sie die Kinder gegen mich aufhetzte und hatte dafür keinerlei Erklärung. Sie besaß sogar die Unverfrorenheit zu behaupten, hinter dem Brand im Karlsruher Streichelzoo würde ich stecken, weil ich in meinem Beruf als Feuerwehrmann versagt hätte und den Brand, bei dem so viele Tiere starben, nicht rechtzeitig verhindern konnte. Sie erinnern sich an den Brand im Zoo, oder?" Christina nickte. Sofort tauchten vor ihrem geistigen Auge die grausigen Bilder der zerstörten Tiergehege und verletzten Elefanten wieder auf.

Stockend berichtete Georg weiter: „Die Situation spitzte sich immer mehr zu. Ausgerechnet beim Kindergottesdienst an Weihnachten brannte es aus unerklärlichen Gründen in der völlig überfüllten katholischen Stadtkirche St. Stephan. Gott sei Dank kamen alle Kirchenbesucher samt Dekan und Ministranten mit dem Schrecken davon. Tatjana versuchte vergeblich, unsere beiden verängstigten Kinder zu trösten. Und sie behauptete wieder, der böse Papa wollte ihnen einen Streich spielen, weil ich nicht mit zum Kindergottesdienst gehen konnte, denn ich hatte ausgerechnet über die Weihnachtsfeiertage Dienst. Das ist doch krank, oder?" Christina nickte zustimmend. „Und was geschah weiter?", fragte sie vorsichtig in die entstandene Stille hinein. „Die Polizei tappte im völlig Dunkeln. Keiner wusste, wer der Feuerteufel sein könnte. Aber es kam noch schlimmer: Tatjanas üble Gerüchte waren mittlerweile auch zu meinen Kollegen vorgedrungen. Und ich wunderte mich, weshalb meine Kumpels auf einmal so seltsam reagierten und mir aus dem Weg zu gehen schienen. Einige Wochen später besuchte ich mit Raphael und Emma ein Kinderkonzert im Badischen Staatstheater. Ich wollte ihnen beweisen, dass dieses Mal bestimmt nichts passieren würde. Und was geschah? Wieder kam es zu einem Brand. Wie sollte ich das meinen völlig verunsicherten Kindern erklären?" „Ja, ich erinnere mich an die Aufregung, die dieser Vorfall auslöste", antwortete Christina ganz in Gedanken. „Die Zeitungen waren voll von allen diesen Schreckensmeldungen. Man hat sich ja kaum noch getraut, irgendwohin zu gehen, aus Angst, der unbekannte Feuerteufel könnte wieder sein Unwesen treiben! Wenige Wochen später brannte es doch auch im Karlsruher Schloss, oder?" Georg seufzte schwer. „Das ist leider wahr. Man befürchtete, dass die Schätze des Landesmuseums durch den Brand Schaden genommen haben könnten. Aber das Schlimmste konnte durch das schnelle und beherzte Eingreifen der Feuerwehr verhindert werden. Bedauerlicherweise wurde ich kurz nach diesem Einsatz vom Dienst suspendiert", sagte Georg traurig und senkte den Kopf. „Aber wieso?" „Ganz einfach. Weshalb sollte ein Feuerwehrmann nicht zu einem Pyromanen mutieren können? Schließlich bin ich vom Fach! Und derartige Fälle gab es immer wieder. Was lag da näher, als mich zu verdächtigen? Nun stand ich also unter dringendem Tatverdacht der Brandstiftung in mehreren Fällen und kam wegen Fluchtgefahr in Untersuchungshaft. Das hat zumindest meine liebe Frau den Beamten zugeraunt." „Ach jetzt verstehe ich, weshalb ich Sie so lange nicht gesehen habe. Ihre Frau ist meinen diesbezüglichen Fragen nämlich immer ausgewichen. Und was passierte dann?"

Nach einer Pause erzählte Georg weiter: „Ich war vollkommen verzweifelt. Meine Frau drohte mir, sie werde aus dem gemeinsamen Haus ausziehen und meine geliebten Kinder mitnehmen. Während ich im Knast saß, brannte es auch nirgends mehr. Da hatte ich eindeutig schlechte Karten, nicht wahr? Einige Wochen vor Ostern drehte meine Frau aus für uns alle völlig unerklärlichen Gründen komplett durch und tobte beim Besuch ihres Vaters im Altenheim wie eine Wahnsinnige. Wie sich im Nachhinein herausstellte, hatte ihr Vater sich strikt geweigert, Tatjana den geforderten Geldbetrag aus ihrem Erbe vorzeitig zu überlassen. Wofür sie das Geld wollte, verschwieg sie jedoch beharrlich.

Mein Anwalt setzte alles dran, einen Haftprüfungstermin zu bekommen. Mit Erfolg, denn bei dem kurzfristig anberaumten Termin wurde klar, dass die Beweise nicht reichten. Ich durfte heim, musste mich aber täglich auf der Polizeiwache melden.

Mit bangem Herzen trat ich den Heimweg an. Aber sehr zu meiner Überraschung tat meine Frau so, als freute sie sich, dass ich wieder zu Hause war. Sie meinte, wir könnten einen Neubeginn wagen. Stellen Sie sich das nur mal vor! Wir wollten uns einen schönen Abend gönnen und dann…"

Georgs Stimme versagte ihm fast den Dienst, aber dennoch fuhr er leise fort: „Jetzt erinnere ich mich wieder ganz genau. Das war die Nacht, in der unser Haus brannte und ich hilflos in der Badewanne lag! Alle sollten denken, ich sei das gewesen! Verzweifelt sah er sie an. „Was soll ich jetzt nur tun?" Christina bot ihm sofort ihre Hilfe an.

Obwohl Julius ihr mehrfach eindrücklich klarzumachen versucht hatte, sie dürfe sich auf keinen Fall weiter einmischen, witterte Christina „Mordesluft". Sie war felsenfest davon überzeugt, dass sie kurz vor der Lösung dieses außergewöhnlichen Falles stand.

Wenn ein Fall nicht innerhalb von drei Tagen aufgeklärt werden kann, dann wird es schwierig bis unmöglich, den Täter zu fassen. So orakelt zumindest eine alte Kriminalistenweisheit. Und der mysteriöse Feuerteufel trieb nun schon einige Monate in Karlsruhe sein Unwesen und versetzte die Bevölkerung in Unruhe und Angst. Es gab kein Motiv, was den Täter dazu brachte, sich als „Pyromane" auszutoben.

Doch Christina gab nicht auf. Sie nutzte weiterhin ihre Kontakte zur Karlsruher Kripo. Julius Oppermann warnte Christina immer wieder vor allzu leichtsinnigen Alleingängen. Aber Christina war das völlig egal. Sie hatte Lunte gerochen; wie ein Jagdhund verfolgte sie alle möglichen Fährten.

Am nächsten Morgen stolperte Christina auf dem Weg zu den Mülltonnen über einen gefüllten Müllsack, der neben der Wertstofftonne aufgrund seines Gewichts umgekippt war. Unmutig sammelte Christina das herumliegende Papier auf und stopfte alles mit voller Wucht in die Mülltonne. In der Eile fiel ihr dabei ein völlig verknautschter Papierfetzen auf den Boden. Ärgerlich bückte sich Christina danach, um den blöden Zettel aufzuheben. Sie konnte jedoch ihre Neugier nicht überwinden und wollte herausfinden, welcher Trottel diesen Müllbeutel einfach so hier abgestellt hatte, anstatt ihn ordentlich in die passende Mülltonne zu werfen.

Nanu, hatte da jemand etwa seinen Einkaufszettel verloren? Von wegen…!

Georg hatte ihr am Vorabend noch erzählt, dass in seiner Erinnerung immer wieder ein Song von Duran Duran aufgetaucht sei. Dies sei wohl die Titelmelodie aus einem James-Bond-Film. Mehr vermochte er hierzu nicht zu sagen. Christina googelte noch am selben Abend und hatte problemlos den entsprechenden Text gefunden. Das musste er sein. Und sofort sprang ihr die sich wiederholende Textzeile in die Augen: „Dance into the fire". Was konnte das bedeuten? Hatte Georg doch etwas mit dem Ganzen zu tun?

Christina schlug alle Warnungen des Kommissars in den Wind. Hiervon ließ sie sich bestimmt nicht aus dem Konzept bringen! Sie war nach wie vor davon überzeugt, dass Georg als Täter nicht in Frage kam. Dazu war alles zu sehr in diese Richtung konstruiert. Allzu leichtsinnig folgte sie ihrem Instinkt und geriet dabei während ihres waghalsigen Ermittlungs-Countdowns in Lebensgefahr.

Christina hatte das „Gekritzel" auf dem Zettel richtig interpretiert. Sie stand mit hochgeschlagenem Mantelkragen und dunkler Sonnenbrille in aller Herrgottsfrühe am Abfertigungsschalter im Baden Airpark. Kurz darauf traf die von ihr erwartete Person ebenfalls dort ein. Sie trug eine dunkle Perücke und zwei schwere Koffer. Fast hätte Christina die Person nicht erkannt. „Die Tarnung ist gar nicht mal so übel", dachte sie und nahm unverzüglich deren Verfolgung auf. Beim unerwarteten Ruf ihres Namens drehte sich die Person sofort ruckartig um. Es kam zu einem Handgemenge. Und plötzlich löste sich ein Schuss. Christina brach zusammen.

Was war passiert?Mit einem Streifschuss im Oberschenkel wurde Christina in die Notaufnahme gebracht, wo Julius ihr kräftig die Leviten las. Er drohte der störrischen Patientin sogar Zellenarrest an, sofern sie nicht endlich aufhören würde, im Alleingang Miss Marple zu spielen.

Tatjana konnte in letzter Sekunde am Flughafen verhaftet werden. In Handschellen wurde sie danach abgeführt. Die Flugtickets nach Afrika blieben unbenutzt.

Der Fall war geklärt!
Nach anfänglichem Leugnen gestand Tatjana bei dem nachfolgenden Verhör alles. Nach einer Dienstreise hatte sie während der Zugfahrt den gut aussehenden Joshua kennen gelernt. Er studierte in Deutschland Theologie und übernahm die Ferienvertretung für einen Pfarrer im nahe gelegenen Schwarzwaldkurort in Bad Herrenalb. „Ich war sofort total vernarrt in den jungen, charmanten Priester. Zumal er mir ganz freimütig versicherte, dass sie es in Burundi mit dem Zölibat nicht so genau nehmen würden. Dort hätten angeblich so gut wie alle Priester eine Frau und viele Kinder. Rom sei schließlich ganz weit weg... ", erklärte sie dem Kommissar mit glühenden Worten. „Heimlich trafen wir uns immer wieder. Und vor seiner Abreise nach Burundi versprach ich ihm ganz fest, dass ich endgültig zu ihm kommen werde, sobald ich in Deutschland alles Notwendige geregelt habe. Meine Kinder wollte ich selbstverständlich später nachholen. Und ab diesem Zeitpunkt sehnte ich mich nur noch danach, bald für immer mit meinem geliebten Joshua in Afrika vereint zu sein", berichtete Tatjana mit Tränen in ihren dunklen großen Augen.

Daher habe sie in der Tatnacht ihrem ahnungslosen Ehemann ein schnell wirkendes Schlafmittel verabreicht. Als er müde zu werden begann, überredete sie ihn, ein erfrischendes Bad zu nehmen und dabei schlief er selig ein. „Ich nutzte diese letzte Chance, um meinen mir mittlerweile so verhassten Ehemann endgültig aus dem Weg zu schaffen. Nur so würde mein Weg endlich frei sein für Joshua, meinen heimlichen Liebhaber." Kaum war ihr Mann in der Badewanne eingeschlafen, versuchte sie, ihm die Pulsadern aufzuschneiden. Es sollte wie ein Selbstmord aussehen. Sie ließ ihren blutüberströmten Mann einfach in der Wanne liegen und verließ eilig das Badezimmer. „Dann suchte ich im Elsass bei einer früheren Schulfreundin Unterschlupf und wartete dort in aller Ruhe das weitere Geschehen ab. Ich glaubte meinem Ziel, einem gemeinsamen Leben mit meinem Geliebten, so nahe zu sein…!"

Und die zahlreichen Brände?
Auch hierfür war Tatjana verantwortlich. „Ich wollte meinem Mann die Schuld hierfür zuschieben. Denn ich hoffte, dass er dafür lange Zeit ins Gefängnis käme und ich dann endlich frei wäre für ein neues Leben mit den Kindern in Afrika." „Und wie hatten Sie die Brandanschläge geplant?", wollte Julius wissen. „Bedingt durch den Beruf meines Mannes habe ich ihn nach jedem Einsatz immer genau ausgefragt, wie es zu dem Brand kommen konnte. So verschaffte ich mir das nötige Know-how, um jeden meiner Brände sorgfältig geplant durchzuführen. Schließlich wollte ich nicht, dass dabei jemand zu Tode kommen sollte." „Aber den Tod Ihres Mannes nahmen Sie billigend in Kauf?", schnauzte der Kommissar sie wütend an. „Aber Joshua wartet doch schon auf mich in Afrika und dann tanzen wir gemeinsam durchs Feuer!", antwortete Tatjana laut lachend. Das gefährliche Flackern in ihrem wirren Blick war nicht zu übersehen. „Führt sie ab!", schloss Julius das Verhör. „Der Fall ist gegessen." „Dance into the fire" hörte er Tatjana beim Hinausgehen leise vor sich hin summen. „Jetzt ist mir klar, woher dieser Songtext stammt, von dem mir auch schon Christina berichtet hat", murmelte der Kommissar nachdenklich halblaut vor sich hin.

Die Kinder waren zum Glück noch bei der Schulfreundin in Wissembourg (Tatjana wollte sie ursprünglich erst später zu sich nach Afrika holen) und Georg durfte sie nach Tatjanas Geständnis endlich wieder in die Arme schließen.

Auch die Karlsruher konnten wieder aufatmen. Sie hatten genug von diesen brennend heißen Illuminationen des Feuerteufels, obwohl in Wahrheit eine Feuerteufelin dahintersteckte, welche jetzt vergeblich von ihrem Priester im fernen Burundi träumte.

Und Christina?

Sie wusste mittlerweile von ihrem Spitznamen und wartete gespannt darauf, weitere ungewöhnliche Fälle auf Miss Marples Spuren aufzuklären.

Anmerkung: Das genannte Lied stammt aus dem James-Bond-Film: „A View To A Kill"
Gesungen von: Duran Duran, Komponist: John Barry

■ **Christiane Gabriele Klante**
Die Autorin ist 43 Jahre alt und wohnt in Karlsruhe. Sie studierte Verwaltungswissenschaften und ist seit 1991 bei der Stadt Karlsruhe tätig. 2009 veröffentlichte sie bereits im Sammelband „Rabenschwarzer Boulevard" die Kurzgeschichte „Scheinehe mit mörderischen Folgen". Zudem ist ihr Gedicht „Das Leben ist kostbar" im „Jahrbuch des neuen Gedichts" der Brentano-Gesellschaft enthalten. Sie veranstaltet an der Volkshochschule Karlsruhe und an der Jugendkunstschule Märchenlesungen und Märchennachmittage.

Peter Spuhler,
Intendant des Badischen Staatstheaters

„Jährlich über 300 Drohbriefe an einem Karlsruher Gymnasium. In einem Fall bleibt es nicht bei der Drohung: Es brennt an der Schule. Kommissar Trollinger und sein Assistent Trippelfelder – ein manchmal chaotisches Team – machen sich auf die Suche nach dem Täter. War es der Racheakt eines Schülers? Oder stecken doch ganz andere Motive dahinter? Lesen Sie selbst!"

Trollinger fängt Feuer ■
von Christian Leopold

Es war früh an diesem Morgen; zu früh für Kommissar Trollinger. Geräuschvoll kroch der beleibte Polizist aus dem giftgrünen Opel Corsa, der wie sein Besitzer die besten Zeiten hinter sich gelassen hatte. Wie es einer wahren Dame gebührte, schwieg sich der Wagen über sein tatsächliches Alter aus, doch Trollinger konnte sich sehr gut vorstellen, dass bereits Otto von Bismarck mit eben diesem fahrbaren Untersatz herumgetuckert war; zumindest roch es danach.

Drohend ragte die Silhouette des Helmholtz-Gymnasiums vor dem Kommissar empor. An die Wirkungsstätte seiner Jugend wurde er nur ungern erinnert und diese erneut aufzusuchen, hatte er als Möglichkeit bisher gänzlich ausgeklammert.

„Mo… Mo… Morgen Chef", das hatte Trollinger gerade noch gefehlt. Diese aufdringlich krächzende Stimme hätte er unter tausenden erkannt. Sein unfähiger Assistent Trippelkoffer wartete bereits auf Trollinger und zu allem Überfluss stakste die schlaksige Gestalt auf ihren dürren Steckenbeinchen direkt auf ihn zu.

„Der Be… Be… Bericht…", Trollinger riss seinem Assistenten den Zettel, den dieser fest umklammert hielt, aus den Händen. Es war nicht einfach, sich mit Trippelkoffer zu unterhalten. Sobald sein Assistent angespannt war, begann er zu stottern. Das eigentliche Problem an der Sache war allerdings, dass ihn bereits ein Eichhörnchen aus der Fassung brachte.

„Geben sie den Wisch schon her und beruhigen sie sich endlich", rasch überflog Trollinger den Bericht der Spurensicherung.

„Brand im Helmholtz-Gymnasium…, Ursache: Brandstiftung…, Zeitpunkt: gegen halb sechs morgens, hoher Sachschaden, keine Verletzten – naja um diese Uhrzeit war wahrscheinlich noch nicht einmal der Hausmeister wach", murmelte Trollinger vor sich hin.

„Der Oberbrandmeister hat mir gesagt, die Löschfahrzeuge seien gerade noch rechtzeitig eingetroffen, um ein Übergreifen der Flammen auf das Hauptgebäude zu verhindern. Der Trakt mit den naturwissenschaftlichen Fachräumen ist aber komplett abgebrannt." Trollinger war sich nicht sicher ob ihm der stotternde oder der nicht stotternde Trippelkoffer mehr auf die Nerven ging.

„Wie auch immer, dann lassen Sie uns selbst einmal einen Blick auf das Chaos werfen", seufzte Trollinger.

„Ähm Ch… Chef."

„Ja, was ist denn noch?"

„Die Feuerwehr hat das Gebäude als einsturzgefährdet eingestuft, nachdem Holzapfelschreiter von der Spurensicherung über ein verkohltes Pult gestolpert und gegen die Überreste einer Tafel gestoßen war, wodurch sich diese aus ihrer Verankerung gelöst hatte und beinahe einen Feuerwehrmann erschlagen hätte", sprudelte es aus Trippelkoffer heraus.

„Und weiter? Wir wissen beide, dass Holzapfelschreiter eine Gefahr für seine Mitmenschen ist und eigentlich schon mindestens drei Mal tot sein müsste."

„A… A… Alles abgesperrt. Kein Zutritt; für N… N… Niemanden."

„Auch gut", der Kommissar zuckte mit den Schultern, „dann muss ich mir wenigstens nicht meine guten Schuhe ruinieren." Trollinger bewunderte die klobigen, ehemals schwarzen, nun eher matschbraunen Glattleder-Slipper an seinen Füßen.

Trippelkoffer starrte seinen unrasierten, beinahe zwei Köpfe kleineren Vorgesetzten verständnislos an.

Trollinger genoss es, seinen Assistenten zu verwirren: „Okay, ich werde mir den Rektor vorknöpfen und sie hören sich hier noch ein wenig um, verstanden?"

„Ver…Ver…Verstanden!", Trippelkoffer eilte davon.

Froh, seinen aufdringlichen Assistenten los zu sein, schlenderte Trollinger über den Pausenhof. Die meisten Schüler waren bereits hochzufrieden nachhause gegangen, nur eine Handvoll Hartgesottener Teenies tanzte noch johlend vor den zersplitterten Scheiben des zerstörten Physiksaales einen wilden Freudentanz.

Die Schritte des Kommissars hallten durch die menschenleere Eingangshalle und für einen Moment war Trollinger mit seinen Gedanken alleine.

Wie viele Schüler es wohl an dieser Schule gab? 500? Vielleicht 1.000? Die Liste der Tatverdächtigen wuchs vor seinem geistigen Auge auf Telefonbuchdicke an. Und die ehemaligen sollte er auch nicht außer acht lassen – Trollinger schwirrte der Kopf.

Das Büro des Rektors hatte den Brand unbeschadet überstanden. Inmitten des scheußlich eleganten Mahagoni-Brauns fühlte sich Trollinger in seine Schulzeit zurückversetzt. Der kleine Alfred Trollinger, der einmal mehr von seinen Mitschülern zu einer Dummheit angestiftet und natürlich als einziger dabei erwischt wurde.

Es sah immer noch genau so aus wie damals, selbst der schmächtige, grauhaarige Mann hinter dem schweren Schreibtisch schien in den letzten dreißig Jahren keinen Tag gealtert zu sein. Einzig die dürre Gestalt, in einem mindestens drei Nummern zu großen Norweger-Pullover, war neu. Doch Trollinger schenkte dem unscheinbaren Chemielehrer, der auch Konrektor war, keine Beachtung. Seine Gedanken kreisten um den alternden Schulleiter. Hoffentlich konnte er sich nicht mehr an ihn erinnern.

„Sie sind also Kommissar geworden, Trollinger", der Alte musterte ihn mit durchdringenden, kinderseelenspaltenden Augen. „Da hat man wirklich den Bock zum Gärtner gemacht." Trollinger knirschte wütend mit den Zähnen.

Heute war ganz bestimmt Montag; er hasste Montage. Auch wenn sein Taschenkalender etwas anderes sagte, für Trollinger war heute einer dieser grässlichen Montage.

„Könnte ich Sie einen Moment unter vier Augen sprechen?", der Kommissar blickte verstohlen zu der teilnahmslosen Gestalt in der Ecke. „Mambokowsky, ich darf Sie bitten!"

Der Konrektor nickte knapp und schlich schweigend aus dem Büro.

Trollinger setzte seine Standard-Verhörprotokoll-Miene auf: „Was können Sie mir über den Brand erzählen; haben sie etwas beobachtet?"

„Wir haben einen Drohbrief bekommen, aber ansonsten… ."

Entsetzt schlug Trollinger mit der Faust auf den Schreibtisch: „Und wieso haben Sie sich dann nicht sofort bei der Polizei gemeldet?"

Der Schulleiter sammelte die ihrem Behältnis entkommenen, die neugewonnene Freiheit genießenden Stifte wieder ein, die Trollinger dankend, freudig über den Tisch kullerten: „Contenance Trollinger, Contenance. Wir sind eine öffentliche Schule, was glauben sie, wie viele Briefe dieser Art wir jährlich bekommen?"

„Äh, zwei?", riet Trollinger ins Blaue hinein.

„Über 300", der Rektor öffnete die Schublade eines wuchtigen Aktenschranks, in der ein dicker Packen bunter Drohbriefe schlummerte, „Das ist die Sammlung der letzten zwölf Monate."

„Und es ist nie etwas passiert?", Trollinger war sichtlich überrascht.

„Zumeist stammen die Briefe von unseren Schülern oder Lehrern, was an den mangelhaften Grammatikkenntnissen deutlich wird. Und genauso wie mit der Rechtschreibung, verhält es sich auch mit der Glaubwürdigkeit der Drohungen."

Der Schulleiter hatte gefunden, wonach er in der Schublade gesucht hatte: „Ach, hier ist ja auch der von heute Morgen", er drückte Trollinger einen Papierfetzen in die Hand.

Aus einer Tageszeitung ausgeschnittene und aufgeklebte Buchstaben formten die Worte: „Die Gier frisst ihre Kinder!"

So wenig aussagekräftig Trollinger die Vorderseite auch fand, umso interessanter erschien ihm die Rückseite. Der Drohbrief war auf dem dilettantisch gestalteten Flyer eines gewissen „DJ-Panuschke, der Hit bei jeder Fete" verfasst.

Der desinteressiert wirkende Schulleiter war aufgestanden und schickte sich an, seinen Besuch aus dem Raum zu komplementieren: „Wäre das dann alles? Ich bin auf Gut Scheibenhardt zum Golfspielen verabredet."

„Äh, eine Sache noch. Sagt ihnen der Name DJ-Panuschke

etwas?" „Was? Nein, kenne ich nicht", energisch schob der kleine Mann, den ihm körperlich weit überlegenen Kommissar aus dem Raum, vor dem Mambokowsky herumlungerte.

Das grell orange Knöllchen unter den Scheibenwischern des verbeulten Corsas strahlte schon von Weitem. Trollinger zerknüllte das Ticket ungelesen und warf es zu den übrigen auf die Rückbank seines Dienstwagens. Dann zwängte er sich selbst in seinen quer vor der Feuerwehreinfahrt geparkten, zwei Behindertenparkplätzen jeweils zur Hälfte beanspruchenden Wagen. Auch seine neue Soft-Drink-Diät hatte den Raum zwischen Lenkrad und seinem „hohen Magen" nicht vergrößern können.

„Ch… Ch… Chef; warten sie auf mich." Verdammt den hatte er ja komplett vergessen. Für einen Moment überlegte Trollinger, ob er einfach Gas geben und davon brausen sollte, aber da selbst gebrechliche, ältere Damen mit Rollatoren problemlos an seinem automobilartigen Gefährt vorbeizogen, ließ er es bleiben.

Trippelkoffer sprang auf den Beifahrersitz und zerquetschte eine halbe Schneckennudel von vergangener Woche, die Trollinger eigentlich noch essen wollte.

Ungeduldig trommelte der Kommissar mit den Fingerspitzen auf das Lenkrad: „Wo bleiben sie denn?"

Wie eine Ziehharmonika faltete Trippelkoffer seine Beine zusammen, um in dem engen Fahrzeug Platz zu finden. Jede Bodenunebenheit brachte seine Kniescheibe auf einen bedrohlichen Kollisionskurs mit seinem Kinn, besonders wenn er gerade sprach: „Zeugen haben von einer Explosion berichtet und es wurden zerfetzte Sauerstoffflaschen gefunden."

„Du mieses…", Trollinger zerrte an einer Joe Cocker-Kassette, die sich in seinem Autoradio verkantet hatte. „Die sind wahrscheinlich während des Feuers in die Luft geflogen."

Trollinger ließ von seinem Radio ab und kramte unter einem Stapel alter Quittungen ein klebriges Funkgerät hervor.

„Trollinger an Zentrale – Zentrale, bitte kommen. Sucht mir mal die Anschrift eines gewissen…", er zog den Flyer aus seiner Hosentasche, „…DJ-Panuschke heraus."

Trippelkoffer linste ihm neugierig über die Schulter.

„Panuschke…, wie man´s spricht P-A-N…", Trippelkoffer

tippte mit dem Finger auf eine Adresse am unteren Rand des Flyers, „äh, hat sich erledigt, Jungs."

„Das hätten Sie mir aber auch früher sagen können", brummte Trollinger ärgerlich.

„Tsch… Tsch… Tschuldigung Chef."

„Naja, wie auch immer, bringen sie uns in die Oststadt."

„Aber Ch… Ch… Chef."

„Ja, was ist denn noch?"

„Sie fahren!"

„Ach so, richtig."

Die beiden standen in dem zugigen Flur eines heruntergekommenen Mehrfamilienhauses. „Ewald Panuscke, das ist unser Mann", Trollinger läutete an einer Holztür, deren Lack schon vor zehn Jahren abgeblättert war.

DJ-Panuschke, ein Mittdreißiger in schlabberiger Jogginghose öffnete. Über seinem in Schmutz ergrauten Feinripp-Unterhemd baumelte eine protzige Goldkette.

Ohne Umschweife bat er sie in seine schmuddelige Einzimmer-Apartment-Wohnung: „Was kann DJ-P. für euch tun, Mann?"

Trollinger bewunderte Panuschkes erfolglosen Versuch die aufkommenden Geheimratsecken mit einer Baseballkappe zu verdecken. Mit seiner eigenen Halbglatze hatte sich Trollinger abgefunden, so weit das überhaupt möglich war.

„Ich bin Kommissar Trollinger, das ist mein Kollege Trippelkoffer", Trollinger griff auf der Suche nach seiner Dienstmarke in die Innentasche seines knielangen Mantels, fand an ihrer Stelle aber nur einen ausgelutschten Pfefferminzkaugummi. Angewidert zog er seine Hand zurück: „Trippelkoffer, zeigen Sie ihm ihre Dienstmarke!"

Schwungvoll zog Trippelkoffer seine Dienstmarke aus der Gesäßtasche. Sie glitt ihm aus den ausgestreckten Fingern und traf Panuschke knapp oberhalb seines dezent hervorquellenden Brusthaartoupets.

„Jo, keine polizeiliche Gewalt, Mann", Panuschke zog sich sicherheitshalber hinter einen von leeren Fast-Food-Kartons überwucherten Schreibtisch zurück.

Solange sein Assistent auf dem Boden herumkroch, hatte Trollinger genug Zeit um seine klebrigen Finger heimlich an

Panuschkes Mobiliar abzuwischen, was dieses aber auch nicht hübscher machte. „Herr Panuschke, erkennen Sie diesen Werbezettel?", Trollinger hielt ihm den Flyer unter die Nase.

„Jo, Mann, ihr hättet auch phonen können, wenn ich auf eurer Betriebsparty rocken soll, Nummer steht drauf."

„Herr Panuschke", Trollinger drehte den Flyer um, „es interessiert mich viel mehr, wieso auf der Rückseite ein Drohbrief verfasst wurde."

Panuscke fuchtelte entrüstet mit den Armen in der Luft herum: „No Drugs; No Crime – DJ-P. is legal, Mann." Trollinger war versucht herauszufinden, ob ein Kinnhaken wohl als Polizeibrutalität ausgelegt wurde. Doch bevor er sich zu einer Entscheidung durchringen konnte, wurde Panuschkes Kleinhirn wieder etwas stärker mit Sauerstoff versorgt: „Tausende von diesen Flyern habe ich verteilt, praktisch jeder kann sich so einen besorgen… Mann."

Verdammt, damit hatte Panuschke nicht ganz Unrecht, doch so einfach würde ein Kommissar Alfred Trollinger ihn nicht mehr vom Haken lassen.

Trollinger hatte es sich mit einem gewaltigen Eisbecher in einem Straßencafé auf der Kaiserallee bequem gemacht. Genüsslich löffelte er das cremige Erdbeereis und genoss die wärmende Herbstsonne. Panuschke hatte für die Tatzeit kein Alibi, aber es gab auch nicht genug Beweise, um ihn festzunehmen. Ein Poltern schreckte ihn aus seinen Gedanken. Trippelkoffer, den er ins Präsidium geschickt hatte, um mehr über Panuschke herauszufinden, war zurück. Der von Entschuldigungen begleitete Zick-Zack-Kurs seines Assistenten zwischen den Bistro-Tischchen hindurch, weckte in Trollinger vertraute Erinnerungen.

Eines schönen Spätsommertages hatte Trollinger, nichts Böses ahnend, seinen Schäferhund an einer mit Metallketten vor Diebstahl gesicherten Biergarten-Garnitur aus Aluminium angebunden und musste alsbald mit Schrecken erkennen, dass Tische eben doch fliegen konnten.

Trippelkoffers Spur der Verwüstung endete mit einem heftigen Stoß gegen den Tisch des Kommissars. Dessen Hand just in diesem Moment damit beschäftigt war, einen mit

Erdbeereis vollbeladenen Löffel zum Mund zu führen, der sein Ziel aber nie erreichen sollte. Den hellrosa Flecken gefiel es ausgezeichnet auf Trollingers Hemd und auch eine gezückte Papierserviette konnte nichts daran ändern.

Trippelkoffer ließ sich gegenüber seines Vorgesetzten auf einen Plastikstuhl fallen, dessen Lehne dabei bedenklich weit in eine Koniferen-Hecke kippte: „Ich habe N… N… Neuigkeiten über P… P… Panuschke. Er hat vor fünf Jahren ein F… F… Fahrrad als gestohlen gemeldet", Trippelkoffer kramte einen völlig zerknitterten Zettel aus seiner Hosentasche, „28 Zoll, Drei-Gang-Schaltung, Farbe: grün,…".

„Ich glaube nicht, dass uns das weiterhilft", unterbrach ihn Trollinger, „haben sie sonst noch etwas herausfinden können?"

„Panuschke ist einige Jahre auf die Helmholtz-Schule gegangen, aber Genaueres konnte ich darüber nicht in Erfahrung bringen."

Trollinger sah den gelösten Fall bereits vor sich liegen: „Ausgezeichnet, da haben wir ja unser Motiv: Panuschke macht die Schule für seine jämmerliche Existenz verantwortlich und sinnt auf Rache."

„Aber Ch… Ch… Chef, Panuschkes Sch… Sch… Schulzeit liegt bereits über fünfzehn Jahre zurück." Trollinger achtete nicht auf den Einwand seines Assistenten: „Zurück zur Schule, vielleicht ist noch jemand im Sekretariat; dort können wir bestimmt mehr über Panuschkes schulisches Leben erfahren."

Der Schulhof bot ein ungewohnt einsames Bild. Selbst die Raucherecke war verwaist und nur die Zigarettenstummel zeugten von ihrer Bedeutsamkeit. Kein Kinderlachen, keine Kritik an überzogenen Hausaufgaben, noch nicht einmal das leise Fluchen eines Lehrers auf der Suche nach dem richtigen Klassenraum, waren zu hören.

„He, ist das da vorne nicht Panuschke", Trollinger zog seinen Assistenten hinter eine Kirschlorbeerhecke. Vorsichtig lugten sie an den Blättern vorbei und konnten gerade noch erkennen, wie eine Gestalt unter dem Absperrband hindurch kroch und in den ausgebrannten Ruinen verschwand.

„Ich glaube nicht, dass das P… P… Panuschke war."

„Natürlich war das Panuschke, wer sollte das denn sonst sein? Wäre nicht das erste Mal, dass ein Täter an den Ort des Verbrechens zurückkehrt."

„Aber Ch… Ch… Chef,…"

„Haben Sie die Sporttasche nicht gesehen, die er unter den Arm geklemmt hatte – er will seine Spuren beseitigen. Und nun los, bevor er uns noch entwischt."

Eilig hasteten sie über den Pausenhof. Ungelenk tauchte Trippelkoffer unter dem gestreiften Absperrband hindurch. Kommissar Trollinger folgte ihm, das bunte Bändchen völlig ignorierend und überließ es stattdessen seiner Leibesfülle alles Weitere zu regeln.

Rußgeschwängert lag der verlassene Naturwissenschaftstrakt vor ihnen. Sie lauschten angestrengt: Gedämpft drang der Lärm der Stadt an ihre Ohren, sonst war alles still. Vorsichtig schlichen sie durch die menschenleeren Flure. Ein schwaches Klopfgeräusch drang aus einem der Klassenzimmer. Trollinger hielt sich den Zeigefinger an die Lippen und gebot Trippelkoffer ihm Rückendeckung zu geben. Meter um Meter pirschte er sich an den Türrahmen heran, sprang um die Ecke und stürmte in den Raum. Ein neugieriger Spatz blickte Trollinger vom Fenstersims aus verwundert an, legte seinen Kopf fragend zur Seite, pickte lustlos auf der Fensterbank herum und flatterte davon.

„Falscher Alarm, es war…", Trollinger hielt inne. Ein bedrohliches Knirschen erfüllte den Raum, doch ehe er das Geräusch einordnen konnte, gab der Boden unter seinen Füßen nach.

„I… I… Ist Ihnen etwas passiert, Ch… Ch… Chef?", Trippelkoffers verängstige Stimme drang durch eine dichte, schwarze Rußwolke aus dem Stockwerk über dem Kommissar.

„Nein, mir ist nichts passiert", hustete der Kommissar, „etwas Weiches hat meinen Fall gebremst."

Als sich die Rußschwaden allmählich legten, erkannte Trollinger auch, was seinen Sturz abgefangen hatte: „Trippelkoffer, fordern Sie einen Streifenwagen an! Wir haben ihn."

„V… V… Verstanden", Trippelkoffers eilige Schritte entfernten sich von dem Loch in der Decke. Der Mann, auf dem Trollinger gelandet war, drehte benommen seinen Kopf und blickte ihm direkt ins Gesicht.

„Aber…, Sie sind ja überhaupt nicht Panuschke", Trollinger war verwirrt.

„Natürlich nicht, Panuschke wäre dazu viel zu dämlich und jetzt gehen Sie von mir herunter, Sie Walross", der hagere Mann versuchte verzweifelt, sich unter Trollingers massigem Körper hervorzuwinden.

„Moment mal, ich kenne Sie! Sie sind Mambokowsky, der Konrektor…", Trollinger bemerkte die Sporttasche, deren Inhalt, ein Stapel Dj-Panuschke-Flyer und ein Goldkettchen, sich über den Boden verteilt hatte.

„Also waren Sie es? Aber wieso? Was haben Sie mit Panuschke zu tun?" Trollinger verstand überhaupt nichts mehr.

Die Augen des Mannes verengten sich hinter den dicken Brillengläsern zu Schlitzen: „Panuschke ist ein Idiot!" – Das klang einleuchtend. „Dieser Trottel ist dafür verantwortlich, dass unsere Schule sämtliche Substanzen, die man besser nicht trinkt, aus dem Unterricht verbannen musste und hat mich damit um meinen Wissenschaftspreis gebracht."

„Sie haben den ganzen Aufwand auf sich genommen, nur um sich an Panuschke zu rächen?"

„Quatsch, ich wollte unserem gierigen Herrn Direktor einfach einmal meinen Dank dafür aussprechen, dass er das Budget für den Chemieunterricht auch in diesem Jahr wieder gekürzt hat."

Ein idealistischer Lehrer – Trollinger war erstaunt, er hatte immer gedacht so etwas wären nur Märchen, die man ungezogenen Kindern erzählte.

„Ihr Gespräch mit dem Direktor hat mich erst auf die Idee gebracht, wieso nicht gleich zwei Fliegen mit einer Klappe schlagen. Panuschke wäre der ideale Sündenbock gewesen."

Allmählich begriff Trollinger, was hier vor sich ging: „Und dann sind Sie hierher zurückgekommen, um ein paar falsche Spuren zu legen, die den Verdacht endgültig auf Panuschke lenken sollten."

„Bravo Herr Kommissar, Sie sind ja doch nicht so begriffsstutzig wie ich dachte. Wenn Sie nicht auf meinen Armen sitzen würden, würde ich Ihnen sogar applaudieren."

Die fernen Polizeisirenen wurden lauter. Sollte Kommissar Trollinger einen weiteren Fall einzig durch seine geniale Kombinationsgabe gelöst haben?

Christian Leopold ■

Christian Leopold wurde 1987 in Malsch geboren und wuchs in Ettlingen auf. Seiner Heimatstadt treu geblieben, absolvierte er dort Realschule und Wirtschaftsgymnasium. Derzeit befindet er sich in der Ausbildung zum Fachinformatiker für Systemintegration und wenn er nicht gerade einen Computer zerlegt, gibt er sich seiner großen Leidenschaft, der Schriftstellerei, hin.